# 本物のリーダーは登場するだけで場の空気が変わる！

## プロも求める誰からも望まれるための自己改革

経営・教育・メンタルコンサルタント
西川 勇／西川知希／西川昌志

現代書林

# まえがき

この本は、読んだ人が、場の空気を一変させられる存在感とリーダーシップを持った人物になるための見識やヒントをお渡しするために書きました。見識を高めたい人はもちろん、不安な人、怖がりな人、傷つきやすい人、逃げたい人、心の弱い人にもぜひ読んでいただきたいと思っています。

第三者に決して奪われることがない、皆さんの財産って何だと思います？　それは見識と経験です。本書を読めば、「えっ、そうだったの？」と目から鱗の内容や、すぐに使えてちょっとしたことですごく影響が出ること、そして、多くの人が知らない、成長するために必須の考え方など、多くの見識を習得でき、実際の場でも意味のある経験を重ねることができます。

例えば、多くの方は、せっかく努力しているのに、無為な場所でチャンスのない努力をしていることもあります。チャンスがあるのかないのか、それに気がつかない限り、努力しても報われることはありません。気が弱いのだって、実はリーダーとしての才能の一つになり得ます。

この本を読めば、そうした多くの気づきが得られるように、最新の実践脳科学と経験の両面から書かせていただいたつもりです。

本書の内容の考え方のもととして用いたのは、ＮＬＰという実践脳科学です。

ＮＬＰは一九七〇年代のアメリカで生まれ、さまざまな分野の成功者、天才と呼ばれる人たちの思考プロセス、行動プロセスを分析した経験則から始まりました。いわゆる心理学っぽいものと考えていただいて結構です。かつては経験則のため、社会心理学界の一部からは信用ならないものとされた時期もあり、嫌っている人も中にはいますが、近年、そのスキル、考え方の多くは脳科学の発展により、理論的に実証されつつあります。

通常の心理学と異なるのは、大きく二点です。一つは、通常の心理学であれば、相手を変えようとか、相手をコントロールしようとかいう意図が働くことがしばしばですよね。巷で見かける本でも、「もてる心理術」とか、「相手を思うままに操れる心理学」などのようなものがありますね。これらを完全否定するつもりはありませんが、ＮＬＰでは、相手をコントロールしようとはしません。自分が変わること、自分の行動や関わり方を変えることで、それが相手や周囲、環境にも影響を及ぼして、周囲の人も勝手に変わってくれるという考え方が基本になっています。

そのため、アプローチの仕方が、通常の心理学と異なることが多々あります。しかも、相手をコントロールしようとしないので、相手目線ではなく、自分を変えるだけですから、やりやすいはずです。ＮＬＰを習熟した人は、目先ではなく、影響を見られるわけです。これは大きな強みですね。

もう一つの違いは、「このときは、常にこうです」とはならないところです。例えば、心理学の本などを見ると、「腕組みのしぐさは、拒絶のサイン」などといった「Ａ＝Ｂ」のような公式がたくさん出てきます。

こうしたことは、あるシチュエーションにおいては、ほとんど絶対的に確かな話だったりもするのですが、一〇〇％ではありません。

ですので、ＮＬＰでは、ここに相手の観察というプロセスが入り、確からしさを上げていきます。その意味で、臨機応変さをあわせ持ったプロセス論なのです。

観察の技術は本で書いたところで、実践練習を伴わなければ難しいのですが、多くの方が気づけない事実に気づき、気づくポイントを意識するだけでも、ずいぶん結果が変わります。夢の実現、目的達成などがかなり近づきます。本書でぜひ気づいてみてください。実際、私たちも気づきが著しく増え、うまくいくことが驚異的に増えました。

なお、ＮＬＰは、認知行動療法に源流があり、カウンセリングやコーチングで用いる人が多いのですが、それだけにとどまらず、政治やビジネス、私生活でも大きく人生を変えることのできる道具です。

本書は、このＮＬＰの考え方をベースに、それをもっと実生活に応用した実践的で有用な実用書にしました。

ただし、ＮＬＰは正直言って、強力すぎる道具です。道具というのは使う側の人間次第です。例えば、火は幼い子には扱えません。人類にとってとても大切な道具ですが、幼い子には危なすぎます。これと同じで、強力な道具は、使う側に器と見識が要ります。

不幸なケースでよく見かけるのが、表面的に、あるいは、自分に都合のいい解釈だけでＮＬＰを学んでしまい、逆に人生が悪化しているケースです。ＮＬＰを学んだ人は、コミュニケーションスキルが上がるので、人との関わり方が良くなるはずなのですが、逆に付き合いたくない人になっている方もおられます。多くは、自己肯定感だけが高くなり、自己否定を封じ込めてしまっているケースです。人には、自分に都合のいいものを信じたい、自分は正しいはずだと思いたいという側面がありますが、その状態でスキルを使うようではダメです。

さらに、ＮＬＰにはたくさんのスキルがあり、否定感情を削除したりもできるようになります。しかし、例えば、相手に不快感を与えているのに、それを認めたくなく、相手から受けた否定感情を消去し、常にポジティブで居続けると、ただの迷惑で身勝手な人になりますよね？

こうしたことが起きてしまうのは、伝えているトレーナーさんにも問題があります。研修業というものは、人をたくさん集めれば、それだけ収益につながるので、人を集めることだけに集中し、内容が薄くなったり、自らのメンタルが壊れていたりすると、そういうことも起きてしまいます。人はすがっていたり、信じ切ってしまったときには、こうしたことに気がつけないことが多くなるので、注意しましょう。この本では、そうした注意点なども実例を交えて記載させていただいたつもりです。

ＮＬＰは火と同じく、間違えなければ、とても有効で人生自体を変えてくれるくらいの道具になりますので、ぜひ本書からヒントを得ていただければと思っています。

また、一部にきつめの表現があったり、センシティブな話に触れることもあえてしています。自己否定を受け容れられるメンタルをまだ持てていない一部の方々には、最初は厳しく感じることもあるかもしれません。しかし、聞いていて心地のいい、自分の信じたいことだけを信じても、何も得られません。

できれば、この本を通じてメンタルをつくってほしいと願い、あえて厳しめに取られるような内容も入れています。頑張れる人もいれば、頑張れない人もいるわけで、皆さんのペースで気づいていっていただければ幸いです。

目次

# 第2章 場の空気を変えるリーダーがやるべきこと

## 02 本質を見抜く

## 06 男女の違い・性差を理解する

序 章

# 私たちもリーダーとして悩んできた

## 私たちが行っていること

著者たちは、「GOLD MT EGGS株式会社」という、自己啓発研修をさせていただいている会社の創業者の三名です。

父　西川勇　ＧＯＬＤ ＭＴ ＥＧＧＳ　代表取締役社長
下関市立大学経済学部卒　元第二地銀の支店長

兄　西川知希　ＧＯＬＤ ＭＴ ＥＧＧＳ　代表取締役専務
京都大学大学院工学研究科卒　元大手メーカープロジェクトリーダー

弟　西川昌志　ＧＯＬＤ ＭＴ ＥＧＧＳ　取締役常務
東京大学大学院工学系研究科卒　元大手メーカープロジェクトリーダー

「GOLD MT EGGS株式会社」は、多くの人が気づいていないレベルの気づきを導き、人としての器を磨き、心理に影響するスキルなども用いて、個人や法人の目的達成を助けるための研修を行っています。心理と聞くとコントロールと思われがちですが、それは違うということも頭に入れておいてください。

著者三名は、以下のように、それぞれNLPに出会っています。

## NLPに対する三者三様の出会いと成果

### ▼父の場合

父は第二地銀在職中、支店長代理の職責に最も長くいました。多くの実績を上げてはいましたが、その実績は認められにくく、多くのストレスを抱える日々を送っていました。人にとっての悩みの大多数は、人間関係に起因するものです。

ある日、一冊の本を手にします。これが、実戦脳科学、心理学たるNLPとの出会いでした。父は資格を取ったわけではありませんが、そこに記載されている中身のうち、自分のこれまでの経験に照らし合わせ、なるほどと腑に落ち、自分ができそうなものを実践していきました。

その考えは、特に支店長になってから、役に立つものばかりでした。上司という立場になると、雰囲気づくりを大事にする必要があります。組織全体のモチベーションの維持やパフォーマンス、お客さんからの印象、そして、部下と一体となって同じ方向に進むためにも、人間関係を含め、環境づくりというのは非常に大きい部分を占めることは、多くの人もわかっていると思います。

しかし、方法論がなかなかわからない。どうやってそれを実現していくのか。それはNLPにヒントがあります。あくまでも一例ですが、具体的には、部下に仕事が楽しいかどうかを定期的に確認し、改善できるところは改善するように努めて、仕事がより楽しくできるようにしていました。この確認も、チェックのような確認だと、人は本音を漏らすことはありません。

そして、銀行というのは接客業でもあるので、お客さんとのトラブルというのが必ずあるものです。当時、お客さんとのトラブルの中で、問題を大きくしようとする人、いわゆる〝その筋の人〟が絡んでくることもしばしばありました。そのような場合にどうするのか？　責任者は逃げるわけには決していきません。そうしたときに柔軟に対応できる思考法、習慣づけに関してもNLPの考え方をベースにした本書には、共感できるものが多数あると思います。

### ▼兄の場合

一方、兄は、大手電器メーカー在職中、若い頃から大活躍しますが、その反面、世の中の風潮にも影響され、多くの不条理を受けて、精神不良になります。残業を苦にはしていませんでしたが、我慢しながら、何のために頑張っているのだろうという気持ちを抱えていて、周囲を見渡すと、もっとひどい境遇で、もっと強力なメンタル不良になっている人も見かけ、課題と疑問を感じつつ頑張っていました。

ある日、たまたま受講したプレゼンテーション研修で、ＮＬＰというものを知ります。これはプレゼンテーション以外にも役立つと考え、即座に資格を取得。講師資格であるトレーナーになり、そこで習得した見識とプロセスを用い、マネジメントやメンタル不良で欠勤状態に陥っていた先輩を復帰させるなど、実績を上げはじめました。

大企業には、中小企業とは異なる、多くの人間が複雑に絡み合う社内政治もあり、政府や報道に影響を受けた空気感や圧力の影響も大きく受けます。往々にして、それらはある偏りを持った制限になります。そうしたものに疑問を感じざるを得ないような状況になってしまうと、悪いほうのストレスが途端に増えていきます。

周囲が偏った空気感に支配されたとき、どうやってそれに、自分だけではなく、組織としても気がついていくのかはとても重要です。それは影響を見られるような目を養うことです。その目を養うためには、さまざまな思い込みというフィクションに気がついていく必要があります。本書では、そうしたことに気がつけるための思考方法などについても言及しています。

### ▼弟の場合

他方、弟は、東京大学大学院時代に、大きなメンタル不良を経験し、拒食状態になって痩せ細り、通学もできず、単位取得もできないほどになります。このときに読んだ本でNLPを知り、家族の助けとその考え方もあって回復しました。

後日、社会人となった後、すでに資格を持っていた兄から、資格取得を強く勧められ、そこまで言うならと、初級であるプラクティショナーを取得。そこで、本で読んだ以上に人生を変えるものだと判断し、兄同様トレーナー資格まで取得するに至りました。

NLPを表面的に使うと、一定の成功は得られます。しかし、どれだけ社会的に、金銭的に成功したとしても、決して幸せにはなれません。幸せな成功をしたいなら、最初の動機が大切です。もし、それが少しでもずれていると、不幸な時間を過ごすことになります。頑張って目的の状況を得た後、「あれ？　こんなはずじゃなかった」と思った経験をお持ちの方もいるのではないでしょうか？　そうした方にも本書は有効です。

弟は、NLPで開発された、多くの物事に気がつける能力や、多くのプロセス論、考え方を利用して、社内で実績を上げました。その後、もっと誰にでもできるものに変化させるといった新規パターンをつくるなど、工夫を繰り返し、かなり深く習得しないと使えないものでも、できるだけ簡単なパターンに変えて、多くの人に伝えられるようにしています。

冒頭で、すべてを紹介するわけにもいきませんが、例えば、職場を出た瞬間、仕事上のすべてを忘れてしまうという方法が応用できます。これができれば、家で一切仕事のことを思い出す必要がありません。ところが、現代人の多くは、家に仕事上のストレスをお互いが持ち込んでしまい、家庭内でギクシャクしてしまうこともあるでしょう。

また、メンタルや言葉について、自分の思考パターンを変えるということに関して、〝気づく〟という技術を経験している日本人はほとんどいません。結果、自分のパターンのせいで、非常にしんどい思いをしたり、幸福を逃してしまったり、本当に望んでいることに気がつけずに心を病む女性や、心ではおかしいと感じながら、押しつけられた偏った正義や空気感に反論できず、心を病む男性が著しく増加しています。

こうした考え、技術についても、まったく知らなければ何も実践できません。体験したこともなければ、正しく理解もできません。本書は、こうしたさまざまな思考法、プロセス、メンタルなどを持った幸せな成功者、場の状況を変えられる頼りになる人に、皆さんがなっていただくためのヒントとなるように書かせていただきました。

本書は、単なる成功本でも、ありがちな表面的なことを主張する本でもありません。さまざまな実世界のヒントにしていただいて、皆さんの見識と経験をグレードアップしていただくために書きました。すべては気がつくことから始まります。内容上、上から目線的な描写が多々ありますが、ご容赦いただければ幸いです。

# 第1章

# 場の空気を変える
# リーダーに必要なもの

# 01 場の空気を変えるリーダーとは？

## こんな幸せな人を目指してほしい

本書は、読んだ皆さんが「場の空気を変えられるリーダー」になっていただけるよう、メンタルと技術の両面からアプローチしています。幸せになりたい、成長したい男女、特に現状を変えたい男性たちや、自分の力で立っていきたい女性たちを応援し、読んだ後に成長できる本にしたつもりです。

「場の空気を変えられるリーダーってどんな人なのか？」と言うと、周囲に一目置かれ、どんな風が吹こうと自分の判断で道を選択でき、経済的にも成功し、そこに囚われる必要もない、一言で言えば、自分の人生を自分で決めて歩める幸せな成功者です。

例えば、こんな人です。世間の風潮と相反することでも毅然と行動できる人でもあり、それでいて支持はされていて、お金もある。パートナーとは時に激論もできる関係ですが、ともに助け合い、とても幸せ。そんな人です。自分がこういう人になれればいいなと思いませんか？

そんな人は具体的にこんな特性を持っていたりします。

- 自分の価値を自ら決めると同時に、他人からの価値や評価も受け容れる
- 自己否定できるし、自己肯定もできる。こだわらない柔軟性、臨機応変力がある
- 安心感がある
- 喜怒哀楽があり、人生を楽しめる
- 怒っているときでも冷静
- 器が大きい
- 自分のメンバーを信頼・信用して任せられる。人からの信頼感がある
- 風格やオーラがあって、自信に満ちあふれている
- 外の人からも一目置かれている
- 周囲の人が自発的に動こうと思ってくれる空気感を持つ
- 決定したことからその後の影響を見抜く目がある。些細なことからも気づきが鋭い
- 随所で効果的な対応ができる。突然のことでも冷静に対応できる
- 失敗した場合でもリカバリができる

・人が言いにくいことでも勇気を持って言える
・常に自分の見識や経験をアップデートして、自分を高めようとしている

皆さん、こういう人になりたくないですか？　そう思うのであれば、なれますよ。本書はそういうあなたを助けるためのものなのですから。

リーダーと言えば、もともと気が強い、前に出る人だけがなれると思われがちですが、決してそうではありません。戦国時代の名将・北条氏康は、幼い頃は臆病者で家臣からも馬鹿にされる始末でしたが、臆病にも利点があり、人それぞれ別の特性を持つリーダーになれることを歴史も証明しています。彼らに共通するのは、「他人から見た自分の価値を受け容れつつ、自分の価値は自分で決めている」ことです（どちらか一方ではなくてです）。

## 親だって子どもを導く立派なリーダー

お子さんのいる家庭だと、お父さん、お母さんだってお子さんを導いているという意味では立派なリーダーなわけです。もちろん、リーダーとしての必要な面はビジネスとは異なります。子どもの頃を思い出してください。両親を見て育ちましたよね？　母に怒られる瞬間の雰囲気

は、大人になってもわかるはずで、もしかすると嫌な気分を引き起こすかもしれません。しかし、そのことに影響を受けて育ってきたわけです。

お子さんを持たれている方、あなたの雰囲気、行動一つで、子どもたちの気配は変わりますよね。子どもたちの成長だって、今のあなたのほんの少しの行動、言動でさえ、影響を与えて未来を変えてしまうのです。

あのとき、母がこう言ってくれていなければ、気づいてくれていなければ、今の兄弟はいなかったと思うわけです。人生が変わる一言ってあるんですよ。しかも、それはタイムリーなんです。実はこうした経験は無意識の中に息づいていて、ふとしたときに出てくるものです。

例えば、兄弟の場合は、つらかったときに、母がそれを察して言ってくれた言葉があります。

「艱難辛苦《かんなんしんく》　汝を玉にす」

これで、私たちは苦しみから逃げないように人生を歩んでこれました。実は、目の細胞自体が男女で異なるため、子どもの見た目の変化に気がつけるのは母親なのです。これは後述しますが、見え方の違いは思考パターンの違いにも影響してきます。

他にも、家族で旅行に行った際、ひどい暗がりの中でパーキングのトイレに行った帰りのことです。男子トイレから出た父と私たち二人が車に向かっている途中、父はこう言いました。

「わしは、ここで母さんを待っているから、先に車に入っとけ」

父は普段ならさっさと車に戻って休憩するのが常でしたが、暗がりや危険などを感じ取っているときは、必ず家族全員の安全を考え、目を凝らしていたのです。父親の目は、男女の違いから細胞的に未来予測型です。本能的かもしれませんが、こうした経験があるからこそ、遊んでいるときですら、父母の行動や言動が少し変化しただけで、子どもは敏感にそれを感じ取り、子どもの空気感が変わるのです。何の体験もなく、空気感なんて変わりません。

空気感を変えられるリーダーになっているということは、それまでの自分の行動や成功体験がその組織内で、何かしらの良い影響を与えていたということです。子どもの頃にこうした経験がない方は、他人からしか学べません。父母の影響力を見ていないので、自分の言葉や行動が持つ影響力を無意識レベルで知る機会が遅くなりますよね？　もしかすると、自分の人生に影響を与えるほどの人に巡り会えていなければ、自分が他人に影響を与えられるようにはなれないでしょう。人は自分が体験していないことを深くは理解できないからです。

空気感を変えられるリーダーになりたいのであれば、どんなときに影響を受けて、空気感が変わっているのかを考えてみましょう。誰に影響を受けるのかも大切です。人は誰しも影響を受け、影響を与えています。言うまでもありませんが、つまらない影響を受ければ、自分もつまらない人になっていきます。長く続き、支え合えるパートナーは、本質は近くとも、自分とは全然異なる特性を持っていますよね？　それも同じです。

02

# 動機づけをしっかりする

## 成功やお金を目的にしてはいけない

まずは有名な話をしましょう。「本当に成功したいなら、最初の動機づけが最も大切」ということです。ご存知でしょうか？　例えば、禁煙やダイエットをする方って多いですよね？　しかし、なかなかうまくいきません。どうしてでしょうか？　うまくいかないのには、いくつかの理由があります。少し考えてみてください。この本を手にしたほとんどの人が、幸せになりたいのではないでしょうか？　成功もしたいですよね？

皆さんに一つだけ問いかけます。では、あなたが成功したいと思う〝本当の〟目的は何ですか？　ここに〝本当の〟と書いたのは、多くの場合、人は自分の思考に制限をかけて、綺麗事を言うからです。例えば、社会を良くしたいだとか、この世界を平和にしたいとか、みんなを幸せにしたいとか……です。本当ですか？

もう少し書きましょう。あなたは本当にみんなを幸せにしたいと願っているかもしれません。けれど、それは、みんなが幸せなのを見ることが、あなたの幸せにつながっているからです。それで自分が満足するからですよね？　〝本当の〟理由を書いてみると、きっと自分の本能の欲求、満足につながる何かが出てくるはずです。誰も聞いていませんから、自分の制限を外して本音で考えてみてください。

どうですか？　いろいろ出たと思います。先ほども書きましたが、「幸せになりたいから」と言う人は多いかもしれませんね。でも、成功しているけど、幸せではない人たちはたくさんいます。「お金が手に入るから」と書く人も多いかもしれませんね。しかし、お金があっても不幸な気持ちの人はたくさんいます。

もちろん、お金もあって、とても幸せな成功者もいます。この違いが動機づけにあるんです。お金にこだわっていると、幸せなお金持ちには決してなれません。幸せなお金持ちになったもっと先のことを考えているのです。

お金は道具です。人類が生み出した壮大なフィクションの産物でしかなく、それ自体に価値があるものではないのです。このことに気がついていなければなりません。表面的な動機のまま頑張って成功したとしても、成功に行き着いたとき、そこに幸せがないことに気がつくのです。幸せを成功やお金に求めた人は不幸になります。成功やお金ってそもそもあなたの財産じゃないです。すぐ失ってしまうものです。逆に、見識と経験があれば、盗まれても奪われても、また同程度は手に入るものです。

多くの人は、手段や結果と目的を混同してしまっているのです。そして、漠然とした目的しか持っていません。漠然としていては、脳は本気でそっちに向かおうとしません。いくら意識していても、本気の力が出せません。

どのような目的であれ、目的達成にはパワーが要るものです。自分が一歩踏み込んでいかないと達成できないし、課題も多々出てきます。漠然とした目的にしか気がついていない状態、つまり動機づけが不十分なままだと、無意識的に「別に変化しなくていい。しんどいし……」と、無意識が楽なほうへと向かい、目的に向かうパワーが不足してしまうのです。

## 動機づけは自分の価値感情に気づくこと

では、どうすればいいのか？　少し無意識のお話をしましょう。

人は、自分の意識で動いていると思いがちなのですが、そうではありません。

例えば、ライオンに襲われたとき、考えている暇なんてありませんよね？　人は自然の中で、襲われる危険と隣り合わせに何万年かの時を過ごしました。これが潜在意識に植えつけられた

意識は常に潜在意識の影響下にある

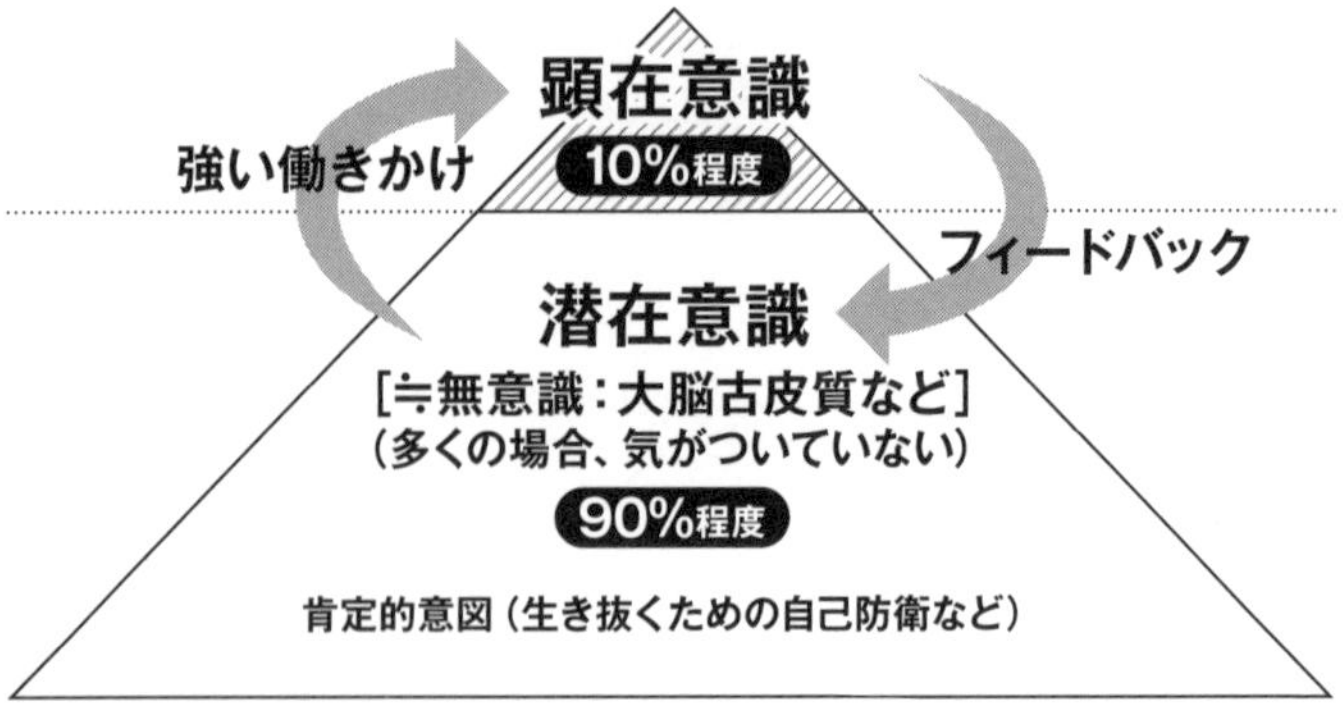


プログラムが意識に優先する理由です。人は人である前に動物なのです。

上の図にも記載していますが、意識の下に潜在意識の層があり、意識は常に潜在意識の影響下にあります。「何かしたいなぁ」という衝動は、普段意識では気がついていない自分の価値感情を満たすためのものです。

例えば、ダイエット。私どもにも経験がありますが、そこにあった価値感情は、プライドでした。では、ダイエットしなければ、プライドという価値感情を満たせないのか？　他にも手段があるかもしれませんし、やはりダイエットなのかもしれません。

普段気がついていない「やろうと意識したこと」を生じさせた自分の中にある価値感情に気がつくことで、強い動機づけになるのです。

もしくは、価値感情のレベルになったとき、「あれ、ダイエットって本当にしたかったんだっけ？」となる場合もあります。その場合は、周囲に流されているだけなのかもしれませんよ。

具体的に、価値感情に気がつくには、次のような問いかけが有効です。この問いかけはさまざまな場面で使えますので、覚えておくといいでしょう。迷ったときに、この質問に戻ってみてください。

「あなたは、それが得られたら、あなたのどんな価値が満たされるのですか？」

もっと、ざっくり簡単に言うと、「それを得られたら、何が嬉しいのですか？」、あるいは「何が（どんな価値感情が）満たされるのですか？」でもいいかもしれません。

動機づけはあなたの奥深くにある価値感情に気がつくことから始まります。実は、価値感情に気がつけば、禁煙やダイエットという手段ではなく、別の手段でもいいと思えるかもしれません し、その手段しかないと思うのであれば、本気で頑張ろうとなるはずです。これが、上の視点から見るということです。下の視点に囚われてしまっていると、選択肢が狭く、気づけていない状態になってしまうのです。本書を手にした人は、いつかかなえたい夢や、達成したい目的、あるいは、今目の前にある目標のようなものって、ありませんか？

そしてもう一つ大切なことは、それが自分勝手なものであってはいけません。周囲のすべての人が本当に喜んでくれるか、恨まれるようなことはないか、正しさの押しつけや価値観の押しつけになっていないか、チェックしておかねばなりません。

これは「エコロジーチェック」と言います。エコロジーチェックに関しては後述しますが、人は自分一人で幸せになれるように設計されていないためにやることです。

例えば、価値観を強制する法律やルールができたために、あなたの組織や社会が壊れるのを見たことないですか？　人それぞれ異なる価値観を持っているのに、ある一つだけを正しいと押しつけられれば、見えないわだかまりや、不満や不服従の温床になるのは当然ですよね。その方向性は、そこにいるすべての男女に、本心から喜んでもらえるかどうかは要チェックです。


この節では、以下のことをしっかり押さえておきましょう！

★ POINT

・本当の目的は何かを考える
・最も重要な最初の動機づけをしっかり行う
・自分の奥深くにある価値観に気づく
・自分の都合だけになっていないか、エコロジーチェックを行う

# 03 目的と目標を設定する

## 目的が通過点にある目標設定をする

実は動機があっても、夢をかなえられる人と、そうではない人がいます。そして、夢に近づける人と、まったく近づけない人がいます。何が違うのでしょうか？　これには、いろいろな見地があるのですが、わかりやすい例をあげましょう。

プロ野球選手の、誰もが知っている大リーガーイチローさんの現役時代の話と、ヤクルトスワローズで二年連続トリプルスリーを達成した直後の年の山田哲人選手の話です。

イチローさんは、ホームランバッターというよりは、打率を高めて、首位打者を狙うタイプの打者でした。多くの方は首位打者を狙うから、打率を高くすることを目標にします。しかし、打率を目標に置くと、シーズン後半に良い位置につけていればいるほど、打席に入るのが怖くなってきます。一打席打てないと打率は下がってしまうからです。

そして、消極的になっていきます。かつて、首位打者争いをしている選手をわざと出場させないようにして、打率を維持し、チームから首位打者を出そうとする監督やチームがありましたが、まさにこうしたことの結果です。

しかし、イチローさんは打率ではなく、安打数を増やすこと、例えば「シーズンで二〇〇本ヒットを打つ」などの目標を立てました。これは非常にうまい目標の立て方です。安打数を目標にすると、打席に入らないと安打数は増えないので、そのために打席に入って前向きに打とうということになります。打率を下げたくないという後ろ向きなメンタルにはならないのです。

目的が、目標の過程、途上にあるような目標設定をすると、目的達成がしやすくなるのです。NLPでは、目的の先にある目的を探ることをします。これを知っていると確かに強力ですが、この考えを知らなかったとしても、少しの工夫で、目的達成がしやすくなります。

## 目的・目標は分割する

次に山田哲人選手の話をしましょう。彼は二年連続でトリプルスリー（打率三割、三十本塁打、三十盗塁）という、前代未聞のすごい記録を達成した人です（二年後にもう一度達成しています）。このトリプルスリーを達成した年の彼は、「毎週七～八本打つ」ことを目標にしていると述べていました。これはとても理にかなっている目標の立て方です。最終目的がシーズンを通じての三割ないし、二〇〇安打だとしても、いきなり大きな目標が目の前にあって、そこからのギャップがすごければ、ピンと来ません。ピンと来なければ、そこに向かっていけるものではありません。週にヒット七〜八本だと、現実的に見える目標です。

しかし、トリプルスリーを二年連続で達成したその次の年、彼はこのようなことを述べていました。

「三年連続トリプルスリーが目標です」

結果は、トリプルスリーどころか、序盤は大不振。シーズン後半に持ち直して、何とか二割中盤の打率、ホームランは二十本台にまとめましたが、前年までの彼とはまったく別人のようでした。もちろん、他の要因もあるかもしれませんが、目標の立て方も関係しているのです。

例えば、普通のサラリーマンが「一億円稼ぐぞ！」と思ったとします。ピンと来ますか？　まじめに話をしたとしても、心の奥底では無理だと思ってしまう人がほとんどではないでしょうか？　しかし、例えば一年で、まず百万円貯める、一ヶ月で十万円貯めるとなるとどうでしょう？

少し実感がわきますよね？　もちろん、一億円となると、これだけの積み重ねでは結構時間もかかり、難しいこともありますが、まずこうしたことから始めない限り、いつまでたっても近づけません。

ＮＬＰを学ばれた方ならわかるかもしれませんが、これが「チェイニングアンカー」の最初の一歩です。この「目的・目標を達成するためにできる第一歩は何？」と考えるのは、目的・目標を分割しているのです。ＮＬＰを知らずとも、目標を分割するくらい、誰にだってできますよね？　こうしたほんの少しの視点の違いが、夢を実現したり、近づいたりできる人と、そうではない人を分けます。もちろんこれだけではないですが、同じ努力をするにしても、スタート地点で大きな差がついてきます。

## 目的にするのは本当に求めているもの

まずは、自分の目的を探り、目標設定をしてみましょう。具体的にするほうが実感がわきますので、時期や期限を決めてしまいながらやってみてください。期限があれば、そこから逆算するしかなくなるので、人は動き出すものです。

「期限を決めなさい」というのは、以前テレビで青山学院の駅伝の原晋監督もおっしゃっていました。ＮＬＰをご存知なのかどうかは知りませんが、結果を出す監督さんは、こうしたことまで自然とできているものなのです。

そして、やってみると、意外と自分が何をしたいのか、自分の目的に気がつけない人がほとんどです。そして、これがダメだと、グダグダの人生を歩むことになってしまいます。

例えば、何かになることを目的にしてきた人がいるとします。でも、なってしまったとき、「あれ、本当に自分はそれで幸せだったんだろうか？」と考える人もいます。そして、そのときに気がつきます。自分が本当に求めていたのは、別にそれではなかったと。しかし、今さら費やしてきた時間と努力を否定したくないので、見ないことにして突き進みます。それは後々、大きな葛藤となって、表面化してくるかもしれません。いずれにせよ、幸福とは言えない人生になる可能性が極めて高いです。

ですから、できるだけ早い段階で、そして立ち止まったときには、何度でも自分自身の動機づけ、つまり目的に気がつくこと、そして目標設定をすることが最初に行うべきことなのです。

目標設定ができたなら、まずできることとして、次は言葉にしましょう。そして次章以降を読み進んだ後、これまで用いていた言葉の前提に気づき、その中で良くない前提を含んだ言葉を変えていきましょう。言葉にしなければ、何も始まらないということに気がついてください。

何はともあれ、これまでの見方を変えましょう。少しずつ、これまでの行動、見方、言葉を変えるのです。つまり脳の使い方を変えるってことです。脳の使い方が変われば、行動や結果が変わってきます。これが皆さんの目に見えない財産になります。自らの動機で、自らの思いで、決意で、自らの言葉で語ることが、自分たちの脳に影響を与えるのです。自分を変えたければ、どう変わりたいのか、言葉にしておかなければいけません。そして、出した言葉に自分で責任を持ちましょう。

例えば、「自分に不都合な言葉を受けたときでも、イラっとせず、まずは相手の主張を聞くことができるくらいの器になる」などと、具体的にしておけばよいと思います。言葉にしなければ、脳はどちらに向かうのかわからず、実効性が消えてしまうからです。

この節では、以下のことをぜひ覚えておきましょう！

★ POINT

- 「目的は通過点」と考えられるような上手な目標設定をする
- 目的・目標を分割する
- 目標設定をしたら、しっかり言葉にする

04

# メンタルを確立する

## 人はふとしたメンタルの状態に影響される

動機づけや目標設定はできましたか？　動機づけができたら、次はメンタルについて考えていかねばなりません。メンタルがダメだと反省できないかもしれず、行動できないかもしれず、実は身勝手な志で周囲に迷惑を与えてしまうかもしれません。

ある行動をしようとしたとき、ふと動作を止めたくなるときがあります。そのとき、例えば、幼き日の親の言葉が浮かんでくることがあります。それは、潜在意識にかつての記憶が残っていて、それが意識で気がつかないうちに自分の大切にしている価値感情になっているからです。

これがメンタルの影響です。メンタルは外部環境からも影響を受けます。オーストラリアで、ある橋の防護柵を撤去すると、自殺者が五倍に増えたという事例があります。ふとしたメンタルの状態次第で、人は影響を受けてしまうということです。強力にポジティブになると行動力がわき、ネガティブになると不安が先に出ます。

動機づけは志や情熱になります。これから、志や情熱があって、さらに常にポジティブであれば、どうなるかについて見ていきましょう。まずはチェックしてみます。

以下の項目に皆さんが良いと思っていることがあれば、チェックしてみてください。

✓CHECK

- □知識はないけど、志だけはある
- □志さえあれば、道は開ける
- □たくさんの知識だけはある
- □やりたいことがたくさんある
- □自分の本当にしたいこと、天命にしたいと思っていることがある
- □自分のしたいことが多くの人にまったく迷惑をかけず、受け容れられると想像がつく

## 志と行動力だけがある人はとても危険

「志は大事！」「ポジティブで行動力がある！」と聞けば、この二つが揃うことがとても大切

と思われるかもしれませんが、これだけだと絶対にダメです。むしろ、マイナスに働くかもしれません。

最も周囲にとって有害な人ってどんな人だと思いますか？　答えは、「深い思考力も見識もないのに、志と行動力だけがある人」です。その後の影響を考えたり、結果を受けて方向転換できるくらいの器も見識もメンタルも備わっていないのに、行動力と志だけある人は、自分の当初の考えに囚われ、暴走し、それがいかに悪しき結果になろうと、方向転換もせず、推し進めてしまいます。

常に頭に置いておくべきは、「自分は相手より正しい」などと言って自分を倫理的に正しい立場に決して置かないことです。ひと度、自分を正当化してしまえば、人はどんな悪辣な行為にも手を染めてしまうようにできているからです。人は弱いので、つい自分が正しいと思いたくなるものですが、絶対に自分の行動を正当化したり、見たくないものに蓋をしてはいけません。そういう癖を持っている人は、これから改善していけばいいのです。気がつけば改善できますし、遅くはありません。それが本書との運命の出会いだったと思っていただければ、非常に幸いに思います。

さて、志と行動力だけという意味では、この例が挙げられます。アメリカYAHOO!のCEOだったマリッサ・メイヤー氏は、かなり偏った女性優遇論を擁して男性幹部を辞任に追い込み、女性幹部だけを強引に増やしました。その結果、経営が大きく悪化し、基幹ビジネスを売る羽目になって、自身は多額の退職金を手に辞任しました。会社は多額の負債を抱えた上、辞任や退職に追い込まれた元社員の男性たちからの大量の訴訟で企業イメージも悪化し、ソフトバンクの傘下に入ることになりました。

当時の彼女の言動を見ると、「女性幹部を（何も考えず、ただただ）増やすべきだ！　それが正義だ！」という志があり、それだけが一人歩きして独善的になったと言えるでしょう。

また、スタップ細胞に関わる小保方さん騒動を覚えているでしょうか？　事実として、明らかな不正があったにもかかわらず、世の中のたくさんの女性やフェミニストの方々から擁護論が飛び交いましたよね？　ここで、少し考えてみてください。小保方さんが男性であれば、あれだけ多くの擁護はあったでしょうか？　皆さん、どう思われますか？　結論を言いますと、なかっただろうと思います。

報道には、以下のような誤った前提があったのではないかと推察できます。

「男性社会（これも誤解）で常に女性だけが差別されてきた（男性も差別を多々受けています）。女性だから嫌がらせを受けているはずだ」

一生懸命擁護された方の志って、どこにあったのでしょう？　さまざまな論を述べていた方で、技術者の方ってどのくらいおられるのでしょうか？　少なくとも論文を書いたことがある、しかも物性関係の技術者でなければわかりませんよね？　物事の前提に気がつくということの大切さがおわかりいただけますでしょうか？

困ったことに、人は常に自分の判断こそは間違わないと思い込んでいることも多いようです。しかし、簡単に空気感に流されてしまっている人も本当に多いです。これは、すでに思い込んでしまっている印象で判断させられている人が本当に多いという証拠です。例えば、「麻生政府を倒閣しての民主党政権」「小池都知事誕生」「小池新党の希望の党騒動」「クリントン氏が負けてトランプ氏が勝ったら株価はずっと暴落する？」……などです。これらはすべて無責任に煽り立てられ、印象づけられて判断させられてしまった結果と考えられます。

皆さん、どうして後から後悔するのでしょうか？　これこそ、見識とメンタルの問題なのです。ヒントを申し上げると、判断するときは、決して共感してはいけないのです。簡単に共感するから、誰かの価値判断に流されてしまうのです。

少し日本のマスコミについても触れておきましょう。

他にも、今の日本のマスコミを見ていると、「メディアの役割は、政府が民意にそぐわない行動をしないように監視することだ！」というような志が先行し、何でもかんでも、とりあえず政府に反対、政府関係者をバッシングすることが正義だと思い込んでしまった方が増え、ただ国家の足を引っ張っただけとなったことも多々起きているように思えます。

小池劇場とか、民主党政権とか、森友・加計問題とか……。こうした報道の結果、多くの方が何かしらの思いを抱いたのではないでしょうか？

いまだにトランプ大統領に対する好意的な報道はほぼ皆無ですが、アメリカの失業率を回復させたのって二十年以上ぶりのはずです。オバマ大統領はいまだに好意的に見られていますが、イスラム過激主義のＩＳをつくり出したのってオバマ政権ですよ。

ロシア疑惑と言えばトランプ氏と思われていますが、中国や中東、ロシアの怪しいマネー疑惑と言えば、クリントン氏ですよ。日本ではほとんどがトランプ氏にまつわる〝疑惑〟だけですよね。疑惑って推測でしかないはずなのに、悪いイメージだけが先行する言葉ですから、この言葉だけでも、印象が植えつけられてしまうわけです。

逆に、クリントン氏のメール漏洩報道は、超たいしたことのないような印象ではなかったでしょうか？　これは、リビアやシリア内戦に彼女が直接的に介入していた証拠だったのです。どうしてかと言うと、金融を牛耳るユダヤ系の思想の手先になっていたと言えるのですが、日本国民の皆さんで知っていた人はどのくらいおられます？

さらに、二〇二〇年一月六日のイラン革命軍司令官爆殺時、即座にアメリカとイランは戦争には向かわないと予見できた人はどのくらいいますか？　私たちのブログを見ていれば、株式で大儲けできたでしょうが、メディアが第三次世界大戦だのと大げさに主張したため、見る目を育てていないと、投げ売りをして、高値で買い戻してしまった方も多いかもしれません。
利害や本質を見れていれば、予見はある程度できるものです。しかし、日頃から見る目を鍛えようとしていない（自分の正しさにだけ固執しやすい）多くの人は、〝騒ぎ〟が起きると簡単に心理誘導されています。コロナ騒動の原油の株価操縦も同じでした。

このように、最近のマスコミは誰かにとっての都合で印象が操作されるような報道がかなり多いのですが、聞いている限り、キャスターなどは、自分たちが正義で国民のためになっているという志があるのだろうと感じることも多いです。

志が強いということは思いが強いということですが、見識もなく、思いが先行すれば、周囲を巻き込んで、多くの人にとっては全然嬉しくない方向へ向かわせてしまうことが多々あるという悪い見本です。自分の価値観の正しさを喧伝し、良いことをしていると思い込んで、実は他の見方、価値観の存在を潰していることに気がつけていない人も多々いるように思えます。

ですので、皆さんがリーダーになったとして、最もしてはいけないのは、正しさの押しつけです。あたかもそれだけが素晴らしいこと、正しいことだという価値観の押しつけをルールにしてはいけません。なぜならば、正しさとは、人それぞれの中にすべて違う形で存在しているからです。価値観をルールにしてしまうと、不満しか出てきません。面と向かって不満を言われなかったとしても、面従腹背の温床になってしまうわけです。

歴史上の事例を紹介しましょう。かつて栄えた古代ローマについてです。古代ローマは、選挙で選ばれた終身王政↓直接民主制↓元老院の寡頭制↓皇帝制と、状況に応じて政治形態が変わり、長らく栄えた国です。滅びた原因は多々あるのですが、その中の一つに、一部の人の特権であったローマ市民権を国民全員に〝平等〟に付与してしまったという事実があります。

「え、平等？　すごく良いことじゃないの？」と、多くの日本人は思ってしまうかもしれません。なぜならば、長らく「平等＝正義」はとてもいいことと思い込まされているからです。そういう価値観を植えつけられてしまっている人は、そうではない考えに自分では至れません。

このローマ市民権が平等に全国民に付与されたのは、二一二年にカラカラ帝が発布したアントニヌス勅令からです。そこから約一〇〇年後には衰退が始まり、本拠地ローマのある西ローマ帝国は二五〇年後に滅亡します。日本の教科書などの記載では、ゲルマン人の大移動だけが問題のように錯覚するのですが、ゲルマン人との戦いは何百年も続いており、突然始まったわけでもありません。ローマが衰退したから防げなくなっただけのことです。

二一二年以前、ローマ市民権とは、市民集会の選挙権、被選挙権（ローマの官職に就任する権利）、所有権、裁判権とその控訴権、ローマ正規軍団兵となる権利、また人頭税や属州民税（資産の一〇％でおよそ収穫の三三％程度）も課されないという権利でした（時代によって多少異なります）。

ここで注目すべきは、ローマの正規軍に入る〝権利〟という点です。今の日本人の多くは、軍と聞けば毛嫌いしたり、正規軍になる権利というより、義務と思われるかもしれません。しかし、ローマ人たちは、自国を護るための「正規軍」に入れることが誇りだったわけです。市民権を持たない者は、もともとは兵隊にすら〝なれなかった〟のですが、国家拡大を受け、補助兵という扱いで、正規軍の下に置かれる軍へは入隊できました。

彼らは自国を自分たちの力で守ることに誇りを感じていたわけです。貴族ですら、能力がなければ一兵士として戦闘に参加しました。百人隊長という将がいたのですが、隊長は投票により決まり、家柄などは関係なかったのです。

しかし、ローマ市民権が全国民に付与されるにあたり、誰も軍隊に志願しなくなりました。それどころか、裕福な者が積極的に兵役逃れに走り、誇りをもって進んで兵役についていた若者が、〝いやいや〟兵役につくようになっていったのです。これが影響しないわけありませんよね？　次第にゲルマン人との戦いが押され気味になり、国家が荒廃していきました。

また、金ですべてが解決できるような風潮になると、いろいろなところでモラルが低下しますよね。ある皇帝が良かれと思って、平等という価値観を国民全体に強いたせいで、誇りをなくしてしまったのですよ。

平等が絶対的な正解でも、平等が幸せを生むわけでも決してないということを、日本人たちはこの事例から気づかないといけません。無理に結果や見せかけだけ平等にしようとすることが、決して良い結果にはつながらないのです。全国民を平等にと思った皇帝は、志は立派だったかもしれません。が、結果としては、国を崩壊させる温床をつくってしまったのです。

本書は、これからも成長したいと思っている男性と、自分の力で立っていきたいと思っている女性のために、あえて一部の方には厳しく聞こえたり、皆さんの価値観に合わず、否定的に捉えられるかもしれないことを多々取り入れて書いています。それは私たちが、自分で立つ女性やプライドを持っている男性が好きで、応援したいからです。表面的な綺麗事を書くこともできますが、それでは決して読者の皆さんのためになりません。それは本書を読み進めば理解していただけるでしょう。

人は自分に都合のよいことだけを信じたい気持ちがどうしたってあり、否定されるものを拒絶し、「それは正しくない」と主張したくなりがちですが、実はそれが弱さと小ささの証拠なのです。多くのそうした人にとって、耳障りのいい賛成コメントだけが応援コメントに聞こえてしまいがちです。

今までは、それで大丈夫です。そうした方のために本書があるからです。そのままだと、本当に大事に思ってくれる人の言葉は届かず、大事な事実を見ないふりをして失敗するでしょう。しかし、人は今の自分を受け容れ、気がつきさえすれば、どうとでも変わっていけるのです。

そうした方は、ぜひ本書を運命の出会いと考え、一緒に変わっていきましょう。

私どもは、しっかりとメンタルを整え、器を大きくして幸せと成功を得てほしいと考えています。随所に、もしかすると価値観に合わず、厳しい記述もあるでしょうし、読者が「正しい」と思い込んでいることを否定する場合もあるかもしれません。否定的な気持ちがわいてきたとき、蓋をするのではなく、「今、別の考えを学んでいるのだな」とか、「こういう見方があるのか」などと思いながら、読んでいただければと思います。あなたに都合のいいイエスマンは、本当にあなたのことを思ってくれているわけではないということも、頭の片隅にぜひ残しておいてください。

さて皆さん、ローマの平等推進の話から、何かお気づきになれますか？　安倍首相や全テレビメディアが浮かんできませんか？　安倍政権は男女平等を目的として、女性活用法を成立させました。しかしこの法律は、実際には「同じ能力なら女性を優遇せよ」と明示的に男性を差別する内容になっていますし、すべての女性がリーダーになりたいわけでもなく、リーダーになることがイコール活躍でもないのに、「すべての女性がリーダーになる＝女性の活躍」（それ以外は女性の活躍ではない）という価値観まで強制されていることに気がつけますか？

法律は一度制定されてしまえば、廃法にするのは非常に難しいのに、価値観を強制するような、しかも男性を明確に差別し、不利にする法を制定してしまっているのです。男女平等を建前に、国が男性を差別したのです。ローマよりもっとひどい結果を生むことは明白です。

メディアが機能していれば、別の見方から論じていたはずですが、成立を煽るような報道ばかりでした。メディアの多くにとっての正義と志が、この法に沿っていたからでしょう。女性に対しても、価値観を強制しているので、女性の持っていた選択肢が消失していることにすら気がついてない人が大勢います。いまだに女性の数だけを問題視する愚かな報道が目につきますが、本質はそこではないはずですよね。

しかも、マスコミが一貫して男女比を問題にしているのかと思えば、そうでもありません。東京医大の入試に関しては、男女比を調整するためにしたことが女性差別だという主張がなされていました。しかし、これを問題にするのであれば、女性積極活用法についても、医大の問題と同様に男性差別だと主張すべきです。

入試と幹部比率は別問題だと主張する人もいるかもしれませんが、それまで努力してきたことと何らかの基準で結果が出るのですから、この二つの問題は本質的にまったく同じです。

それなのに、女性に有利になるならば正義として国が法律にし、男性に有利になるとなれば悪と見なして断罪させたことが、独善的で偏っていることに気がつけた人はどのくらいいるでしょうか？　私どもは平等論者ではありませんが、これで社会が良くなるはずがありません。どのくらいの方がそのことに気づいたでしょうか？

こうしたことに気がつかず、医大の問題だけを悪と見なし、女性活用法は支持してしまっていたならば、志が先行して独善的になっているか、第一印象に影響を受けやすいということです。自己研鑽したほうがよいかもしれません。こうした主張を行ったメディアも志を持っています。志だけが先行して、マイナスになった良い事例だと思いませんか？

ですので、志を持つのであれば、思慮深さや、多くの見識、そして、自分が信じたいものだけを信じるというのではなく、自分に都合の悪いものを直視できることなどの視野の広さが要るわけです。志が強ければ強いほど、大きければ大きいほどに、です。

物事の本質を見ようと努力し、正しさという「自分だけの倫理感や正義感」で判断するのではなく、その行動の結果、どういう影響が広がっていって、結果はどうなるのかを予測することです。「自分の価値観に沿う都合のいい妄想」ではなく、「冷静に、慎重に考えようとする意識を持つこと」がとても大切です。これが第一歩になります。

そして、私たちが周囲の誰か一人でも迷惑に思うような方針や行動を取れば、私たちの目的達成が幸せな形でできることはあり得ません。一時的に何かを達成したとしても、すぐに壊れますし、何より周囲の反発を内包しているのだから、幸福ではないでしょう。長くは続かないかりそめのものになるか、長期的に見て、その所属組織を壊すことにしかならないのです。

志だけがあって、物事の影響を見られるだけの見識もなく、自分の都合のいい妄想だけで、行動力がある人間が、最も厄介で有害になるということを覚えておいてください。個人レベルならば、迷惑な人、大きなことであれば、後世、巨悪として語られるかもしれませんよ。

麻生内閣を倒して民主党政権を成立させ、トランプ大統領誕生も予想できず、イラン司令官爆撃報道でもメディアの空気感に影響されて帰結を予測できなかった人は、何ら新たな見識も得ずに、自分の判断を信じていると、また判断ミスを繰り返すはずです。本質が変わっていないのですから。だから、学んで、自分を高める必要があるのです。まずは本書をヒントにして気がついてみてください。気がつかなければ何一つ始まりません。

偉そうに書いてしまいましたが、私たちもずっと自分の見識や能力、体験のために多くの資金を投じて、自分をアップデートし続けています。だから、価値観に囚われることなく、多くの方が気づけないことにいち早く気づけますし、いつでも同じレベルの成功を得る自信もあります。副次的にも、次に同じ題名のセミナーに来られても、前回よりももっと良い内容をお伝えできるようになりますし、皆さんにも貢献できるのです。

日本人の多くの方は勘違いしていますが、大事なのは、まずお金を貯めることでも、仕事を頑張ることでもありません。まず人生のできるだけ早い段階から、見識と能力、良いメンタリティのためになる経験を〝貯める〟ために行動することです。仕事もお金を貯めるのも、後からいくらでもできます。見識と経験、能力があれば、たとえ理不尽にすべてを失っても、捲土重来が可能です。

こうしたことは、目の前の仕事だけ一生懸命に努力していても、絶対に身につきませんし、自分の周囲の人だけで集まって意識が高いなどと思い込んでいても、決して身につくことはありません。たまたまうまくいくことはあっても、そう何度も続きません。

例えば、前述した例について見抜けていなかった人は、何もしなければ、次も見抜けないでしょう。つまり見識もないまま〝志〟に従って、かえってマイナスとなるような行動や主張をする可能性が高いということです。大きな話をしましたが、実生活でも本質は同じです。今できていなくても大丈夫です。誰でも変わっていけるのです。現状に気がついて、自らいろんな見識を広げられるところに出かけるなどして、見識や経験を取り込んでいく意識をまず持ちましょう。気づけることがすべての始まりです。

## ポジティブだけでもネガティブだけでもダメ

「まず気づくこと」と言うと、ＮＬＰを学んでいて勘違いされている方や深く学べていない方は、「えっ、そうなの？」と疑問に思われるかもしれません。ＮＬＰには「ＴＯＴＥモデル」という考え方があり、「まずやってみよう」と教えられることがほとんどだからです。

## メンタルによって行動には差が出る

**メンタルがダメな人**

まずやってみた
▼
**体験をなかったことにして**、
別の方法を試した
▼
これらを繰り返したけれど、
成功しなかった
▼
NLPは嘘じゃないか？と
腹が立った

**メンタルができている人**

まずやってみた
▼
**反省して**、
工夫をして修正した
▼
これらを繰り返して、
成功した
▼
さらにもっと学ぼうと
自分に投資した

矛盾するようですが、「まずやってみよう」でも構いません。が、この後の行動がメンタルによって大きく変わってきます。まずやってみて、一回でうまくいくことなんてまずありません。なので、一度やってみて、次にどうするかが大切なのですが、ここでメンタルや見識によって差が出ます。

上の図を見てみましょう。ダメな例とうまくいく例を書いておきました。最初にまず行動する場合、体験が得られます。

「メンタルによって」などと書けば、ポジティブが良いと勘違いしている人が数多くおられますが、ポジティブすぎる人ならどうなるというのでしょうか？　自分を否定されたことを受け容れられず、自分の意見とは異なる意見を少しでも持つならば、負の感情を持ち、考えることもせず、見なかったことにしてしまう、ブロックしてしまうなどの行動をとってしまうかもしれません。これだと先の例のように、その志が周囲の人たちの怒りを買うなど、独善的になるのです。

逆に、ネガティブだとどうでしょう？　不安すぎて動けなくなりますよね。

ポジティブとネガティブ、両方の要素を持つメンタルを持っていないといけません。ですので、「否定を受け容れられるだけの器＝メンタル」が要るのです。実はポジティブにすることは、ＮＬＰのスキルを使えば簡単にできます。が、否定を受け容れるメンタルをつくっていかねばならないのです。

「ある試行体験で得られた経験を糧に反省して工夫できるか」と、「体験でうまくいかなかったことをなかったことにして別のことを考えようとするか」の違いです。まったく別の視点で考えるということは誤りではありませんが、後者の人のメンタルの場合、自己肯定が強すぎて、自分の価値感情に囚われているため、視野が非常に狭くなっています。つまり、自分が見たいものだけを見て、自分が聞きたいことだけを耳に入れている状態です。

この状況で、新たなことを考えたとしても、外から見ると、全然別視点にはなっていないことのほうが多いです。これだと、得られた経験を捨てているのと同じです。よくポジティブセミナーで、「失敗を失敗と捉えるな！」と教わる場合もありますし、ある意味でそれは間違ってはいないのですが、「常に前向きに」を自分に都合よく曲解してしまってはいけません。

大切なことは、何度も書きますが、自分に都合の悪い真実を直視できるかどうかです。失敗を失敗と捉えることの本質的な意味は、「失敗に囚われて動けなくなるな」ということです。「失敗を見なかったことにして、都合よく解釈していい」という意味では決してありません。そもそも多くの成功者は、失敗からのほうがたくさん学んでいるのです。

学べていない人は、失敗の本質を見ずに表面的に済ますか、自らに都合よく言い聞かせてしまうのです。つまり、向き合えていないのです。

ある実験を紹介しましょう。消防隊の方々が成功事例ばかりを見せたチームと、失敗事例を見せたチームとを比較したそうです。どちらがより大きな学びを得たか。圧倒的に後者でした。

これは、自己否定できるということです。ただ、自己否定に囚われると行動できなくなるから、そこに縛られて動けなくなってしまってはいけません。それゆえ、ネガティブに支配されそうになると、ポジティブに捉えろと言われるのです。講師の中にも、このことを理解せず、ネガティブを一切排除してしまう方も数多く見受けられますが、そういう方はまったく理解していないと思いますので注意してください。

ネガティブだけではダメで、ポジティブだけでもダメという感覚を持とうと意識することが大切です。このコントロールができるようになると、最初に見識を得ようとしても、頭でっかちで行動しないなんてことにはなりませんし、最初に何も考えずに行動して、やみくもに数だけ撃って何も得られなかったなんてことにもなりません。

## 見返りを求めずに感謝するメンタルが大事

自己肯定と自己否定。両方の共存は、感謝の気持ちのメンタルを持つことから始まります。何に対しても感謝する気持ちを持ってみてください。否定されたら、教えてくれて感謝する。褒めてくれたら、もちろん感謝する。すべては学びであり、外部から得られる貴重な情報なのです。案外簡単なようで難しいですよ。

さて、桃太郎の話、皆さん、知っていますか？　桃太郎は、犬、猿、雉の順番に仲間にしていきますよね？　そして鬼を退治して、最後はたくさんの財宝を持ってお世話になった家に戻ったという話です。

実は、この仲間にする順番は決まっているのです。犬は感謝の気持ちをあらわしています。猿は知恵です。雉は行動です。鬼は課題で、財宝は成功の意味。最後に家に戻るのは恩を返すこと。つまり、メンタルとして「感謝の気持ちを持って、頭を使って考え、そして行動せよ、そしたら成功するよ」ということです。そのメンタルで生きなさいという子どもたちへの教えになっているのです。昔の日本人たちは、こうした考えを多くの物語や社会の掟として残しました。今、多くが失われてしまっていますが、こうしたところにもヒントがあるのだということにも気がついていただければと思います。

桃太郎さんの歌では、「お腰につけたキビ団子一つ私にくださいな」とあって、そうすることで仲間になりますと言っており、少し違うことを言っているようですが、もともとはキビ団子をあげるから仲間になってとは頼んでおらず、また、キビ団子を要求してもいないのです。

ここが重要なポイントです。「何の見返りも求めずに感謝する」というメンタルを持つことが、情報を増やし、感情的な動揺を抑えます。つまり、あなたのメンタルを良くします。

社会的尊敬や力、愛情、友情、成功やお金を見返りに求めるようなメンタルだと、それに囚われているということですから、ありのままの情報を見ることができません。情報が、その囚われているものによって、歪められてしまうのです。そういう人は、例えば、金儲けの秘訣や幸福になる秘訣を知りたいという焦りや妄執によって、期待していた答えが違ったことで、感情的に動揺し、他者を攻撃するかもしれません。

こういうメンタルのままだと、何を学ぼうと、絶対に幸福な成功者にはなれません。ありのままの情報に気がつけないからです。どんな改善も、実は本質的な改善になっていないかもしれません。

このメンタルは、何度もトレーニングを積まないとなかなか難しいかもしれませんが、ヒントだけでも得ていただければ幸いです。こうしたメンタルが器の大きさや魅力にもつながっていきます。

結局、見識も必要ですし、メンタルがなければ、どんな知識もスキルもあなたの役にはさして立たない、むしろマイナスになることもあると覚えておきましょう。

## リーダーは相手に期待値を持ってはいけない

人は自分でなかなか判断できない場合、どこからか事例を探して真似をする（近しいことをヒントにする）ものです。ただ、その際には、絶対に外してはいけないものがあります。それこそが、前提条件が同じかどうかです。それを無視すれば、結果は同じにはならず、むしろマイナスになることだって多々あります。

例えば、今、幸福度が高い国の真似をしたからといって、国民が本当に幸福になるとは限りません。アイスランドを見てみましょう。治安も良く、国民の幸福度は高そうです。しかし、日本とは風土も人口も前提も大きく違います。人口はわずか三十五万人で、広い国土の人口密度は非常に低く、これだと資源も産業もさほど必要としません。彼らは、年間にまとまった休みを六週間くらい取れ、そして残業もほとんどありません。

ところが、彼らの真似を日本はできないのです。狭く自給率も低い国土に一億人がひしめいている日本では、頑張って海外にものを売る以外に富は蓄積できません。食料自給もできないため、富を蓄積した上、海外からの輸入がなければ食べてもいけません。そして、そのために必要なエネルギーも、海外からの輸入に頼らざるを得ないのです。それでいて、一億人の市場が消失すると、内需的需要が減り、経済が悪化してしまうので、少子化は非常にまずい状況と言えます。

こうした国家の根本原理も文化形成もまったく異なる社会の論理を、その国でうまくいっているからという理由で決して取り入れてはいけないのです。彼らと同じ幸福度は、決して得られません。

こうしたことに気づけない人が多いのは、自分にとって都合のいい夢想に囚われ、都合の悪い事実から目をそらしてしまうからです。全体としても個人としても、本質は同じなんですよ。自分の志が良いものだと信じ切って、見識が甘いまま、突っ走ってしまう人が増え、しかも、結果がまずいと蓋をする。これでは、夢や目標は遠ざかります。

また、真似をする場合、どういう未来像をつくるか、別の面にも目を向けておかねばなりません。皆さん、国の政策で、民法や人々の権利面などを参考にする場合、中国とヨーロッパ、どっちの真似をすべきだと思いますか？

多くの人は、中国の印象が極めて悪く、ヨーロッパと言うかもしれません。ですが、印象の悪い文化以外の面に目を向けてみると、ヨーロッパは、単独では経済活動が限界に達し、少子化も進行し、団結しないと不利になってしまっています。

中国は拡大路線です。アメリカは少し条件が違いますが、もう少しすると、縮小していくと読んでいます。これは、女権と男権のバランスの帰結です。歴史を見ると、男権が強いと、拡大路線にはなりますが、行きすぎると戦争になります。女権が強すぎると平和ではあっても、停滞し、周囲に拡大路線の国があれば、いずれ飲み込まれて文明が滅びています。

世界的に有名な「National Geographic」の二〇一七年八月二二日のＷＥＢ記事に、最後の母系社会、モソ族の記事がありました。この民族ももうすぐ消失します。どうしてそうなるのかは後述しますが、脳科学者の中野信子氏の著書を読むと、そこには脳内ホルモンが関係していそうです。

話を戻しますが、現状、中国はすでにＥＵの一部の港の権益まで抑えてしまっていますよね？　第二次世界大戦前と、すっかり様相が逆転してしまいました。

ここからわかることは、リーダーは、個人の論理的な価値観を判断に入れてはいけないのです。それは価値観の押しつけ、自己満足に過ぎません。少し先の未来がどういう状態になっていれば、そこにいる多くの人が幸せなのかをあらゆる方面から考え、打った手の影響を予測して行動しなければなりません。それができるかできないかが、場を変えられるリーダーかどうかなのです。リーダーが影響を見られていれば、メンバーたちは、そのリーダーを信頼し、つながりは強固になります。そこにいるだけで、場の空気が変わるのです。

残念ながら、誰かの価値観の正しさが押しつけられているような状態が増えてきたこと自体が、さまざまな方面で人々を制限し、日本の体力をじわじわ奪っていることにもリーダーは気がつきましょう。

では、どうしたらいいのか？　皆さんの本音を調整するわけです。もちろん、自分も本音を言わなければなりません。ただし、それが難しいんです。簡単に本音なんて言いませんよ。周囲がいつも本音を言っているなんて思う人は全然ダメです。自分はどれほど信頼されているのか、頼りにされているのか、忠誠を持ってくれているのかをちゃんと観察してみてください。

自分のことばかり考えているリーダーに、周囲は決して本音など言いません。リーダーが見ているのと同じで、自分も見られているのです。それこそが信頼関係です。

ここで一つ大きな注意があります。多くの人は、無意識のうちに自分の期待値を相手に求めています。小さなことであれば、「おはよう」と言えば、向こうも「おはよう」と返してくるはずだなどというのもそうです。

この程度なら問題はありませんが、この感覚が大きくなると、「電車の優先座席に大人の男性が座る〝べき〟ではない」などという他人に対する価値観強制や、「こう言っとけば、相手はこんな風に動いてくれる〝はず〟だ」などという他人をコントロールしようとすることにつながります。意外と無意識に人をコントロールしようとしている方が増えていますが、これは二つの意味で非常に良くないです。

一つは、コントロールや価値観強制というのは、相手に対して自分の身勝手な期待行動を押しつけているので、相手がその通りに動いてくれないと、怒りなどのこれまた身勝手な感情が出てきます。それだけでもマイナスです。

もう一つは、単純に「あなたは、誰かにコントロールされたいと思いますか？」ということです。されたくない方が多いのではないでしょうか？　だとすれば、無意識に相手との信頼関係を損ねてしまいかねません。また、「～するべき」と思ったり、この言葉を口にするのは、真面目で柔軟性がない状態の人が陥りがちなコントロールの実例です。

他にも、子どもの頃から泣くことで相手に許してもらえた経験をたくさん持つ女性は、大人になってどうしようもなくなったときに、無意識に泣くという戦略を取ります。大人の男性で泣く人は、女性に比べると圧倒的に少ないです。我慢する人が多いですよね？　小学校では、女性教諭による男子差別が目につきます。この傾向はより悪化しているようです。

それは子どもの頃、女子が泣いていると許してもらえて物事が解決し、男子が泣いても「男のくせに泣くな！」と逆に怒られて、解決に至らないことが多かったからです。

この泣くということが、そもそも相手をコントロールしようとする行為の一つなのです。「泣けば許してもらえる」という期待値が実現される（期待値の実現＝相手をコントロール）から泣くわけです。

ですので、女性のかなり多くの方は、無意識的に相手をコントロールしようとする癖を持っています。もちろん男女問わず、守られることが多かった人は、相手をコントロールしようとしてしまう癖を持っています。

無意識に人を脅してしまう人も同じです。自分では気がついていない間に、脅していることだってあります。例えば、「〜したら先生に言うよ！」とか、「〜したら警察に相談するよ！」などと言うのを聞いたことありませんか？　小学校時代にしばしば耳にした気がします。

でも実はこれ、暴力を使っているのと本質は同じなのです。これまで気がつけなかったことは仕方ありません、それが人というものだから。ただ、こうしたことに慣れて自分がそうなっていることに気がつけないでいると、とても心の弱い人のままで幸せになることを阻みます。

気がつければ変われるので大丈夫です。自分のバックに強い権威がいる（から、私の思い通り動いてください）と主張したことがある方は、自己正当化をして責任から逃げようとしている可能性があることに気づき、本書をヒントにして、メンタルを一緒に強くしていきましょう。今がそうでも気がつけば、全然大丈夫です。人は弱いのです。そうなっていても仕方がないのです。問題はそのままでいるか、気がついて改善していこうとするかです。困ったときに泣いてしまったり、相手の行動に期待値を持つパターンの方も相手をコントロールしようとしているのと同じですので、まずは気がつきましょう。

他にもありますが、コントロールはこれまでの人生が影響していたり、メンタルが弱い方が陥りがちな行動パターンです。これからでも変えていけます。あなたはどうでしょうか？　これは言われなければ気がつけないものなので、今、気がつかれても全然大丈夫ですよ。

ただ、こうしたことに気がついていない心の弱い方が男女問わずとても増えていますので、巷の広告に、「相手を思い通りにコントロールする心理術」みたいな題名の本が出回り、売れてしまうのです。中身を見ると良い内容だったりもしますが、コントロールという思想を持ってしまうこと自体がそもそも良くないことにだけは気づいてください。

相手をコントロールしようとしてしまうと、自分自身の身勝手さを生み出します。そのメンタルではそもそも他人を深く信頼できませんし、自己都合で相手を動かそうとしてしまうため、自分に不満を溜めやすく、幸福を逃しやすくなります。

自分のことを本気で思って言葉をかけてくれる人を〝自分への攻撃や責め〟と感じてしまう不幸なケースも増えるでしょう。子どもを本気で思う母親や、妻を思う夫は、相手に常に聞いて心地のよいことばかり言うわけではありませんよね？　他人だから、わざわざ嫌われるようなことを言わないのです。

つまり、小手先のテクニックを使う人や相手をコントロールしようとしている人は、深い信頼関係を築けることはなかなかありません。リーダー論の前に、人として幸福を失いがちになります。相手を期待通りにしようとしても、その通りに行くことなど少なく、そんなメンタルでは不満が溜まるだけですから。そして、その状態ではリーダーの器では決してありませんから、しっかり気がついて注意していきましょう。

本当に自分のことを思ってくれる人でなければ、「コントロールしようとしてるよ」などとは指摘もしてはくれませんから、多くは自分で気がついていく必要があります。

信頼関係を築くためには、相手の立場や気持ちと自分を調整したり、公平ではなく、結果の強制ではなく、「公正」で「納得性」のある方針、行動をすることが大事です。納得性とは、正しさを論理的に強制することではありません。相手に期待値を持ってコントロールしようとしてはいけません。自分を常に正しいというところにポジショニングしてもいけません。

本当に大事にしている人には、厳しめのことも言うのです。それが相手のためならば、嫌われようと言うのが本当に相手のことを思っている証拠です。また、価値観ルールが押しつけられたとき、優秀なリーダーは自分の組織のために回避する方策を考えるものです。それがイレギュラーだと見なされようと、それもリーダーの手腕です。現場の支持は上がりますよ。

リーダーの存在が自分たちのためになる、尊敬できると周囲が思ってくれれば、次第に信頼関係は築かれていくものです。ちなみに、尊敬されようとしてはいけません。それは相手をコントロールしようとする行為で、どこかに嘘があるからです。このあたりが人の器ということになってきます。

この節では、次のことをきっちり押さえておいてください。

★ POINT

- 「自分は正しい」と正当化していることに気づく
- 自分の都合の悪い結果も見る
- ネガティブだけではダメ、ポジティブだけでもダメという感覚を持つ
- 何の見返りも求めずに感謝するというメンタルをつくる
- 相手をコントロールしようとしている自分に気づく

05

# 器を磨く

## 魅力や包容力の違いは器の差

不思議と魅力があったり、あまり能力を感じないのに、この人がいれば、何かうまく回る気がする、安心感がある、そういう人って実は存在します。前述しましたが、魅力や包容力を持っている人というのは、持っていない人に比べると、そのメンタルに大きな違いがあります。あなたもとりあえずチェックしてみましょう。すぐわかります。

✓CHECK

- □他人を羨ましいと思うことが多い
- □自分より努力していないのにさらっとできるのを見ると、不公平だと思う
- □能力がある人や要領のいい人を妬ましいと思う
- □誰かだけ得するのは許せない

□見た目の公平が一番大事だ
□地位が上がると能力以上の態度を取ってしまう

ここに一つでもチェックがついた方は、まったくダメですね。

「他人の芝は青い」的な感覚を持っている人の器は、かなり小さなものです。そして、器が育っていない人が重要なポストに就いてしまうと、その人が育たないのはもちろんのこと、組織ごと壊してしまうことになります。立場が人を育てるというのは幻想です。その立場に立てるくらいの器が育ってこそ、初めて立場は人を育てるのです。このことはしっかりと覚えておく必要があります。

近年では、自民党の稲田朋美元防衛大臣、豊田真由子元議員、当時の民進党の蓮舫議員、山尾志桜里議員が、これにあたるなあと見ていました。彼女たちに共通しているのは、他人には厳しいのに、自分に非常に甘いという点です。これは何人かの男性議員たちにももちろん言えますが、比率的には女性政治家の多くに見受けられるように思えます。どうしてそうなっているのか、メンタルを器の点から考えてみてください。彼女たちの多くは、一部の女性の都合ばかり主張しています。男性のことは無視です。

そして、もう一つの共通点が、何者かのリークによって、失脚しているということです。どうして、何者かがリークするのか？　素晴らしい人物なら、内部リークなどされはしません。つまり、彼女たちがその立場にあることに、不満を持たれたということです（誤解をされないように申しますが、私どもは自立している女性はむしろ好きです。そういう方は「男のせいで」とか、「女性だから出世できない」などと決して言いません）。

これだと、統率力やリーダーシップなど望むべくもありません。かりそめのリーダーとなってしまい、面従腹背ということが多々あるでしょう。これでは、組織力の発揮など望めません。一＋一＝〇・三のような状態になるかもしれません。

現場の人間に望まれていなかったレベルの器の人が、その立場に立ってしまったとき、その人のためにならないどころか、組織ごと崩壊するという良い実例ではないでしょうか？

そのため、本当にリーダーになりたいのであれば、器を磨いて、周囲の人に認められる人材になり、システムとかルールとは無関係に、真に周囲に求められていなければなりません。実は、このことはお金や幸せとも無関係ではありません。貢献した結果、相手から返ってくる感謝の質と量＝受け取る報酬の量になるのです。

これは、上位幹部の報酬が高いことの本質的な理由です。ですから、たとえ無理やり登用で上位幹部になれたとしても、その後、器がなければ、金銭も失い、幸福も失います。

お金の器と上司の器は、少々異なる面があるのですが、本質は近いと思います。

ですので、いずれにしても手に入れたい何かがあるなら、それに見合うだけの器を磨かなければなりません。

## 受け狙いの人にリーダーの資格はない

そこで大切になるのは、自分とは異なる価値感情を持っている人の意見や立場を尊重できる人間を目指そうとすることです。前述しましたが、自分に都合の悪いことを直視し、受け容れられること、他人の責任にして逃げようとしないこと、自分の都合のいい解釈だけで行動しないことです。

兄にはこういう経験があります。ある新入社員Aさんの教育係をしていた際のこと。Aさんは、業務を表面的に深く考えずに実施しようとする傾向があり、兄は少し厳しめに指導していました。当時の業界では、一つのミスが数億円の損失を招くような状況だったこともあります。

すると、部下に配属されたBさんが、「私、指摘するの好きですよ。代わりに指摘だけしましょうか？　たまには私にもさせてくださいよ。男女平等です」と言うのです。兄は彼女に、「指摘するのが好きって、じゃあ、同じように君が他の人に指摘されたらどうなの？」と聞くと、「私、褒められて伸びるタイプなんです。ほら、女性ですし」と言い、少し逃げるような仕草をしました。

この話は非常に示唆に富んでいます。皆さん、どう思われますか？

意外と自分では気がつかないうちに、Bさんに似たようなメンタルになっているケースは多々あります。しかし、このメンタルは非常に自分に都合がいい状態です。彼女は「自分は誰かに指摘はしたいけれど、自分は指摘されたくない」と言っているのです。

こういう人に何かを指摘されても、指摘された側の心に響くことはありませんし、自分に都合のいいことだけを受け取り、都合の悪いことからは逃げようとするでしょう。言い換えると、都合のいい権利は受け取るけれど、都合の悪い責任からは逃げてしまうのです。

この話には続きがあります。兄はBさんにこう言いました。

「自分は指摘されたくなくて、褒められて育つと言い、他人には指摘したいと言う。それでは自分に都合よすぎるんじゃない？　君さ、一応主任だろ？　そんなんで、主任の立場で仕事できる？　君が言ってるのはさ、都合の悪いときだけ女になって許されようとし、都合のいいときだけ権利を行使すると言ってるに等しいんだ。私はそんなのは絶対に認めない。女だからとか言うならば、私はずっと女として君を扱うことはできる。でも、甘くする分、評価は圧倒的に低くなるよ。権利には責任が伴うんだ。同じように扱われたいなら、不都合なことも同じレベルで同じように泥をかぶり、指摘されなければならない。今の社会でこんなことはあり得ないし、私の部隊でそんなことは起こり得ないけれど、例えば、脱げと言われるとする。男と同じレベルまで脱げと私は命じただろう。そういう覚悟と行動を持ってこそ、同じだと言う資格があるんだ。今の君に、新人であっても、Aさんを指摘する資格はないと判断する。君はどっちでいたいの？　どっちもという都合のいい答えを私は認めないから選んで」

Bさんは少し考えて答えました。Bさんが、どちらを選んだかは実はさしたる問題ではありません。それは人それぞれだからです。

前者を選べば、リーダーになるような器は磨かれませんが、自分に甘いまま楽に過ごすことができます。後者を選べば、メンタルが少し変化し、もしかするとリーダーになれるくらいの器に成長するかもしれません（別の要素もあるので、これだけではわかりません）。大切なことは、自分で選択して決めたということです。

以後、Bさんは人事異動するまで、兄との良い関係が続きました。厳しい話ではありましたが、兄の視線と熱意が、兄自身の都合ではなく、Bさんそのものに向いていたことも影響しているでしょう。

この後、Bさんは人事異動で兄と離れてからわずか一ヶ月で辞職します。兄のもとに真っ先に挨拶に訪れ、「異動した後、働いているだけになってしまって、自分の人生に何も寄与せず、単にお金をもらっている以上の意味がなくなってしまったんです。それならバイトでもいいですし。西川さんには本当にお世話になりました」という言葉を預けました。

当時の兄は、会議室に姿をあらわすと、そこにいるメンバー全員が自然と立ち上がって出迎えられたのですが、こうしたことは狙っていても思うようにはなりません。周囲の人は、あなたの行動を常に見ています。何かを狙った行動をしているうちは、こうしたことには決してなりません。

自分に都合の悪いことを受け容れられなければ、納得性のないリーダーと見なされますし、相手のことを考え、ときに厳しいことも、自分や相手に都合が悪いことも言える、そういう意識を持っていなければ、メンバーに媚びているだけの人になってしまいます。

まずはこうしたことを自分で意識して動いてみることです。受け狙いでは、こうはなりません。受け狙いで他人の都合のいい話をして、その好意を表面的に得るのは、実は簡単です。テレビがそれをよくやっています。が、その支持は非常に軽薄なものになります。真のつながりは決して得られません。

## 逃げずに本気で向き合う気持ちが器を磨く

日常生活でも、仕事でも原理は同じですが、もう一つ、仕事の事例を挙げましょう。

父は仕事では逃げないことをモットーにしていました。逃げることで、後になってそれが跳ね返ってくることがわかっていたからです。

与えられた仕事を全うできなかった場合、上司が対応することになり、全体への影響が大きくなります。逆に、逃げないことで、自分の一時の感情に囚われずに、全体を見て判断しようとする目も磨けます。最初からそうではなくとも、何度も経験を積むうちに自然とそうなっていくのです。

例えば、冒頭でも少し紹介しましたが、銀行ではお客さんとのトラブルというのが必ずあり、その中で問題を大きくしようとする人、いわゆるその筋の人が絡んでくることがあります。そうした場合でも、気持ちが逃げなければ、対処の方法は考えられるのです。

冷静に見ていると、そのような人は、相手に調子を合わせていると、大きな問題に発展していくので、丁寧な言葉遣いをしながらも、毅然とした態度で臨むようにするのが大切であることに気がついたのです。また、そうした方の複数人と対応する際は、こちらも同じ複数人で対応するなど、対等の人数を置くことで、あくまで対等の立場での対応とし、相手からの威圧に屈せずに、誠意を示すという難しい接客ができました。

父が逃げれば、その責務は他の誰かに飛び火します。かといって、この行動は部下とのつながりを得ることを狙ってやっているのではありません。

見返りを求めている行為というのは、自分を磨くことにはならず、そうした気分のときは何らかの利己に囚われているので、たまたま一時的にうまくいって立場を手に入れても、いずれメッキが剥がれ、自分のみならず周囲も不幸にします。

父の場合は、ワンマンで寡黙ではあったのですが、部下や顧客に慕われました。その証拠に銀行倒産の憂き目に遭いますが、その何年も後ですら、かつての顧客や部の人たちと交流が続いていたのを兄弟は覚えています。

面倒を嫌がって逃げない癖、相手や問題について本気で向き合おうとする気持ちが器を磨くというポイントを覚えておきましょう。場所が変わればできなくなってしまう人もいるのですが、プライベートでも、ビジネスでも、本質はまったく同じです。場所が変われば……の理由は後述します。

## 器の小さい人がリーダーになると組織を壊す

一方で、自己肯定感の塊となった人は、自分以外の他者を否定することで、自分のポジションを上げようとしたり、自分以外の考えのすべてを一考もせず否定します。

先ほど述べた、アメリカのYAHOO!の元CEOマリッサ・メイヤー氏の独善的な人事が象徴的ですね。男性でも女性でも原理は同じですが、昨今、こうした独善的な女性が目立って増えてしまっているのはどうしてだと思いますか？

特権は人のメンタルや器をダメにするからです。何でも当たり前になっていると、その権利や立場が本来自分のものではなかったことに気がつかず、目線だけが高くなります。

簡単な例だと、優先座席で譲られるべきだと思っている人は、譲ってもらっても感謝しなくなる。むしろ、譲られないと怒り出す人もいます。ヘルニアで苦しんでいる人は外からは見えません。どうしても動けない人や、若者でも疲れすぎている人だっているわけです。

優先座席でも一〇〇％譲らなければ〝ならない〟わけではありません。昨今は、譲るべきだという志が先行し、傷害事件にまで発展してしまった例もあります。これは、権利の当たり前化によるメンタルの腐敗です。他には、選挙権なんかもそうですよね。何もせずに当たり前のようにもらえるから、大切には思わない。だから、投票率が低くなるのです。

そして力は魔物だということです。少なくともマリッサ・メイヤー氏にはその力に見合う器がなかったということです。

女性でリーダーになりたい方は、「女性活用法を廃止してほしい」というくらいでなければダメです。女性活用という優遇を利用するのが当たり前といったメンタルでは、リーダーの器にはなれません。優遇されていることにすら気がつけないでしょうし、面従腹背を招き、組織も壊れかねません。自分の見識と経験で周りが勝手に納得する。それがリーダーの器だからです。女性活用法は、一部の方には聞こえがいいですが、男女ともに潰すことになります。

自分に都合のいいものだけを利用して、都合の悪いところでは権利が足りないと主張する人が目につきますが、そういう方は器も資格も自分でなくしているのです。

皆さんに質問します。あなたは、この先、力に振り回されない覚悟はありますか？　覚悟だけではダメですが、この覚悟とそれに見合う器が、幹部やリーダーになる最低限の責任です。米YAHOO!や、先に書いた議員たちのようになるようでは、器も資格もありません。

言うだけなら簡単なことです。結果という見た目の平等をつくろうとする、実際にはただの男性差別助長をし、女性を優遇しているだけの女性積極活用法は、その人はもちろん、組織や会社、ひいてはその影響で社会全体を潰します。ノルウェーで上場企業が著しく減少したのも、これが原因と指摘されています。

これについては、もう少し詳しく後述します。何度も言いますが、器なき立場は、人を育てるどころか、その人も組織も壊すということを覚えておく必要があります。

男性であろうと女性であろうと同じです。よく初めて大臣になった方が失言ですぐ辞任するなんてことが起きますが、あれも同じですよね。ただ、マスコミがしばしば行う〝真意を無視した単なる言葉狩り〟は全否定したいと思いますが……。

安倍首相は、自分に反抗的な石破元大臣を冷遇しました。一方で、古代ローマのカエサルは、敵となった人を何度も許すほどでした。カエサルは志半ばで殺されますが、その偉業と功績は引き継がれ、古代ローマは空前の繁栄を何千年も享受しました。日本が弥生時代を迎えた頃、ローマは建国千年祭を迎えていたほどです。これが器の差です。

器のない多くの人が力を持てば、好きな人だけを重宝し、自分の恣意的で好ましい状態を無理やりつくろうとし、うまく回っていた屋台骨まで壊します。そういう人は在野にいるときでも、誰か他人の口車に乗せられ、誰かを誘い、誰かと組んで空気をつくり、自分で考えることなく、それはダメだと騒ぎ立てるだけです。

腹を据え、自分の分別で筋を貫き、ダメだと判断したら自分の責任で柔軟に方針を変える。そうした人間を目指さなければ、成功なんてしません。誰かの思惑に乗って、その通りに生きてきただけの人は、急に手を離されたとき、どうしていいかわからなくなるものです。だからこそ、自らの責任で動けるだけの、みんなが自発的に支持してくれるような器を磨かなければならないのです。

トップやリーダーになるということは、好むも好まざるも、そのすべてを引き受けるということです。そうでなければ、組織をしっかりマネジメントできることはありません。

リーダーや幹部としての器もそうですが、実はお金にも器があります。自分の器以上のお金を取得しても、保持できないのです。実際、アメリカで数十億を稼ぐNBAプレイヤーの六割近くが引退から五年以内に破産するそうです。アメフトのNFLに至っては引退後二年以内に七割以上が破産するそうです。さらに、高額の宝くじに当たった人も自己破産している人が多いという話もあります。

地位であれ、お金であれ、器以上のものを手にしてしまえば、得る前より不幸な結果になるということです。地位やお金が人を育てることはなく、器以上の地位やお金は、人を変えてしまうだけなのです。

ですから、自分の器を磨くという視点はとても大切になります。

## 器ができている人は未来を見て行動する

まとめると、器を磨いていない、自分に都合のいい人ほどせっかちで、自分の力に見合わない成果や報酬に魅入られ、近道を探しはじめる傾向にあります。

でも、最短距離はみんなが通りたい道で、そこにみんなが殺到しているから、すでにみんなが持っているものしか得られないわけですし、良いものにも気がつけません。

そして、そのみんなが持ち得る程度のもので戦っても、本物の武器を持っている人や、しっかりと自分の足で歩いてきた人の体力、精神力とでは、勝負になるはずもありません。

しかも、そもそも近道しか選ぼうとしていないので、基礎体力、基礎脳力だって備わっておらず、地に足をつけてやってきた人にはどんどん置いていかれ、ますます一発逆転を狙って、もっともっとお得な道を探したくなってしまうわけです。

でも、そんな道はありません。もし宝くじが当たるような僥倖があったとしても、その僥倖を次につなげることができず、金使いだけが荒くなって破滅します。

こうしてじり貧になっていくのに、プライドだけ高くなってしまっていて、地道な努力もできなくなります。気がついたときには、砂上の楼閣を必死に支えるだけの人生になるのです。

これだけやっていればいいとか、これさえ努力してれば報われるはずだなんていう甘いことは、人生には存在しないです。また、今まで判断ミスをしまくっている人が、突如、判断が良くなるなんてことはあり得ないです。トランプ大統領と聞くだけで悪印象を持って批判してしまっているような人が、まともな政治判断をできるはずがないのに、そういう人に限って、自説の正しさを主張し、後から失敗の結果を見ても、誰かのせいにして、自分とは向き合わないなんてことはよくある事実です。

これが悪いパターンで、逆に成果を出せる人は、正しさなんて考えません。その後の影響を見るのです。何がベターなのかであって、価値観の正しさを押しつけたりはしないものです。

近道を選ぶこともあれば、地力をつけることを優先するときには、地道に回り道を選ぶこともあるのです。

先々への影響を考えて判断をし、優先度をつけて行動します。意味のない愚かな努力はすぐにやめ、自らの身になる努力をします。もちろん失敗もします。しかし、その失敗を本当に経験にして、糧にして前に進みます。ダメな人は、失敗に蓋をして、これは経験だと言い聞かせて、見なかったことにします。前向きに前に進むのと、失敗をなかったことにして、見ないふりをして進もうとするのとは大きな違いがあるのです。

ちなみに、現在の日本は、正義の押しつけ偏重に流された人が多くなったためか、ここが全然理解されていないように見えます。ですので、経済だってじり下げ、幸福度も下がってストレスが増えてしまうのです。結果の強制はプロセスの不平等、つまり納得性が失われ、意欲は低下傾向、頑張ると負けみたいになり、身勝手な人が増える温床づくりをしていることになりますね。「世の中の流れ」なんて言葉を理由にするのはまったくダメです。

こうした結果を招いたのも、メディアの偏重による勘違いがかなり関係しているように思えますが、それに気がつくことができない人が多いことが問題なわけで、結局は国民の気づきの能力が大事になってきます。

何度も言いますが、立場が人をつくるなんてことは決してありません。そんな甘いものじゃないんですよ。器を磨いていないと、すごく迷惑で無能な上司になってしまうのです。「あんなに優秀だった人が、どうしてこんなリーダーになってしまうの？」と思うことだって多々あると思いますが、それこそが器の問題なんですよね。

器だけは、〝これさえやっておけば的な〟短絡的な話には決してならないことを覚えておきましょう。こうした器ができている人が立場を持ったときのみ、その人を育てることになるのです。

この節では、以下のことを覚えておきましょう。

**★POINT**

- **自分に不都合な真実を受け止められるように努力する**
- **嫌なことに蓋をして逃げないようにする**
- **悪い結果を人のせいにせず、すべてを自分の行動した結果だと受け止める**
- **正しさではなく、先々への影響を考え、優先度をつけて行動する**

第 2 章

# 場の空気を変える
# リーダーがやるべきこと

01

# 真の意味でのマネジメントを行う

## 人を管理するのは真のマネジメントではない

マネジメントは英語です。訳を見ると管理という言葉が出てくるのですが、マネジメントというのは、管理ではありません。そこにいる人間が自発的に目標に向かって頑張ってくれる状態をつくることであり、その目標を達成するためのすべてのプロセスを指します。

管理された人間は、自発的には動きません。自発的に思考もしません。システムに乗って幹部やリーダーになった人は、急に自ら何かを考えることはできません。そうしたシステムに乗って上司になっただけの人が動かす組織が、次第に力を失うのは当然の帰結です。

マネジメントの本質は、何だと思いますか？　それは「思いの調整」と「納得性の担保」です。これができる人間が真のマネージャーです。そのためには、柔軟性と本質を見抜く目を鍛える必要があります。

仕事にはいろんな質があります。毎回同じような作業が多くてモチベーションを保ちにくいものもあれば、新しいことに挑戦し、やりがいに満ち溢れる仕事もあります。常にどちらかにとどまれる人も中にはいるかもしれませんが、そうとは限りません。多くの人は、ある期間、どちらの経験もする可能性が高いです。後者はモチベーションの維持が簡単ですが、前者は難しいものです。

弟の話です。弟が大企業で若い頃にしばしば担当していたのは、いわゆるエンハンスと呼ばれる部分で、運用や保守といった面が大きい仕事でした。中には改善などもありますが、基本的には、日々のシステムがうまくいくようにしていくのが仕事です。本当は、エンハンスだからこそ改善できる部分はあるのですが……。

そのように日々同じような仕事をしていると、モチベーションの維持というのが非常に難しくなってきます。弟自身、ＮＬＰを学ぶまではモチベーションの維持が難しく、低下していきました。

そんなとき、ＮＬＰを学び、モチベーションというのはいろいろな部分から発生していることがわかりました。普段の仕事というのは、淡々とこなし、基本的には何も起こりません。それを当たり前と思わず、週一回の定例の場で感謝を述べるようにしたところ、たったそれだけでも、プロジェクトのメンバーは自発的にいろいろとやってくれるようになったのです。プロジェクトは、彼らに支えてもらっているので、自然と出てきた感謝の気持ちです。感謝の押しつけではありません。相手に見返りを求めているわけでもありません。こうしたメンタルが器の構成要素です。

感謝の気持ちをあらわすことができるのは、深いレベルでコミュニケーションが成立しているからです。コミュニケーションを取っていたとしても、それが表面的なものであれば、リーダーが述べた言葉はメンバーに響きません。それどころか、この人の言っているのは、「本心か？　それともうわべだけなのか？」と疑われてしまいます。

弟は、ＮＬＰを学ぶ前後、多国籍チームのプロジェクトリーダーでした。当時、コミュニケーションについて軽く考えており、日本人以外のメンバーも日本語がある程度使えるし、それだけで意思疎通は問題ないと思っていました。

メンバーは、指示に対して頷いて、特に意見や返答がなく、それを黙々としていたので、内容を理解してやっているのかと思っていましたが、そうではなかったのです。

仕事というのは、言われたことをその通りすることも大切なことなんですが、やっている内容を理解して、状況が変わった場合にすぐに対応する必要があります。

内容を理解しないままやったことは、身につきません。実際にあるテスト障害があったとき、結局彼らはほとんど何もできませんでした。

弟はこのとき、彼らが理解が低いまま対応していたことに初めて気づき、自らのコミュニケーションに問題があったんだと考えました。

彼らに何かを伝えたり、指示する際、そのものの背景や根本の内容を伝えること、つまり彼らの納得性という観点が抜けていたのです。彼らは、もしかしたら不満に思っていたかもしれません。

それからは、彼らに対してだけでなく、コミュニケーションを取るとき、相手に伝えるときは、その背景や内容を理解してもらうこと、相手の立場、思惑も考慮した上で、なるべく相手に伝えられるように意識し、なるべく彼らに選択してもらうように行動したことで、効率もそうですが、プロジェクトの運営も同時に大きく改善されました。

コミュニケーションを取ろう取ろうと自分本位に思うと、実際には一方的に話をしているだけでうまくいかないものです。

自分の思いだけで話をしていると、相手の言葉や、相手が真に訴えるものを引き出せず、納得してくれたと思い込んでいても、結果は全然うまくいかないということを痛感することが多いと思います。

## コミュニケーションは自ら進んで学ぶしかない

マネージャーは単なる説明上手ではダメで、単なる政治上手でも、調整上手だけでもダメです。メンバーとの深いコミュニケーションを実現できるレベルになる必要があるのです。それは押しつけや強制では実現できません。

うまく説明できるのと、良いコミュニケーションを取れるのとは別問題です。また、単なる聞き上手や話し上手でもいけません。メンタルの部分も関係します。

話も上手だし、人脈も多いけれど、結局、最後にはうまくいかない人に多いのが、相手をコントロールしようとすることです。結果ありきで誘導していたり、自分の期待値を相手に押しつけてしまったりということです。また、寡黙だからといって、決定的にコミュニケーション下手というわけでもありません。

日本では深いコミュニケーションという視点で、子どもの頃から学ぶ機会はありません。なので、多くの方は自分がコミュニケーションをできていると思い込んでいるのですが、実際には非常に稚拙なものになっていることに気がついていません。、深いコミュニケーションは実現できないということに、自ら気がつける人はまだよいほうです。

実はコミュニケーションには二種類あります。答えられる方はおられますか？目的や意図があって行うコミュニケーションと、愉しむ意味だけで内容を問わないコミュニケーションです。ビジネスの世界や男性のコミュニケーションは基本的に前者ばかりで、後者は女性がよく日常的に行うコミュニケーションになります。

前者と後者では、質や求められることはまったく異なるのですが、しばしばごっちゃにして考えられがちです。前者がすごいレベルでも、後者は全然だったり、後者がすごいレベルでも、前者は全然だったりということは多々あります。

前者で最も大切なことは、本質的な目的の共有と、相手と調整しようとする気持ちです。しばしば相手をコントロールしようとしがちですが、それこそがトラブルを招きます。

例えば、政治圧力をかけたり、正義を語ったり、脅したり、広い意味では、泣いたり、理由づけしたりして自己肯定するのも、相手をコントロールしようとしています。これだと、相手は納得して動いたわけではないので、負の感情が残ってしまいます。後者では共感が最も大切ですよね。

コミュニケーションについては、多くの人が自分はできていると勘違いしていたり、大切さを認識していないことが多いのですが、これはとても大切で意外とできていなくて、しかも深いことを学んだ後に、気づくものです。こちらも後ほど詳しく述べます。

## 選択してもらうことで納得性は大きく高まる

そして、もちろんコミュニケーションだけではダメです。「柔軟性を伴った問題解決能力」や、後述しますが、「本質を見抜く目」が必要です。

兄の話です。兄は当時、直属十六名、プロジェクト全体では数百名を抱えるプロジェクトリーダーでした。兄のもとに、とある女性が配置されてきました。彼女は、責任ある仕事を任せようとすると非常に攻撃的になるので、上司たちからは使いにくいと評判になっていました。

兄がいた大企業では、誰に対しても「責任ある仕事＝やりがいある仕事」で、責任ある仕事が喜ばれるという前提が共有されていました。兄は、まず彼女の観察から始めました。積極的にコミュニケーションを取り、彼女と信頼関係を築こうとし、彼女が本当に何を望んでいるのかを考えていました。確かに、少し大きめの仕事を頼もうとすると、「なんで私がそれを担当しないといけないんですか!?」などと、強い口調で詰め寄ってくることがありました。

あるとき、兄は彼女にこう言いました。「もしかして、責任嫌いですか？　違っていたらごめん」。すると彼女は、「そうなんです！　私、責任が嫌なんです。できれば機械的なものでもいいので、責任のない仕事がしたいんです！」と驚きつつも、とても嬉しそうに言いました。

兄は、続けます。「私は全然いいよ。けど、そうすると良い評価をもらえる仕事をあげられないけど、それでもいいですか？　主任にもなれないと思うけど……」と言うと、彼女は「それでいいです！　ずっとこのままでいいし、出世なんかしなくて構わないし、できるだけ責任のない仕事を家庭優先で平和に続けたいんです！」と言いました。

そこで兄は、「じゃ、私の細かい作業を手伝ってもらったり、秘書っぽい業務をしてもらおうかな。私はそういう細かい作業がとても苦手だから、私はとても助かるんですよ。苦手なことをしてくれると、別のことに頭を回せるから、WIN－WIN。ただ、評価の薄い仕事を押しつけてしまうことになるから、申し訳ないんだけど、それでもいい？」と聞きます。彼女は、「全然それでいいです。むしろありがたいです。でも、本当にそんな仕事だけでいいんですか？」と言います。

彼女の前提には、ある程度の責任のある仕事をしないと会社にいられないという恐れがありました。しかし、兄にとっては、チーム全体の利益につながるので、全然ＯＫだったのです。実際、彼女が兄の苦手な細かい作業を裏方として引き受けたことで、兄はさまざまなことに頭を回すことができ、お互いに蜜月となりました。

兄のチームは数々の成果を上げ、彼女は前面に出ることなく、自分のペースで平和に仕事ができたのです。

適所適材。これはある程度の深い信頼関係とコミュニケーションが成立していなければ、わからなかったことです。彼女は兄と出会うまで、本音を伝えたこともありません。また、兄が多くの人が共有していた前提と離れた柔軟な考えでマネジメントをしていなければ、また結果は変わったでしょう。

そして、ここで大事なことは、押しつけたのではなく、彼女が自分で方向性を〝選択〟したことです。もちろん、すべてを選択してもらうことはできません。ただ、メンバーに選択してもらうこと、これが納得とモチベーションを生むのです。今の社会のように、正しいという偏った「価値観」を強制し、それぞれの思いを選択できないような状況では納得性は生まれません。なので、当然モチベーションは上がりません。

兄のチームで、彼女は初めて攻撃的ではなくなり、休憩の際に、他のみんなと談笑するところに自発的に参加するくらいになり、毎日活き活きしはじめたのです。

兄のチームは、開発をすれば、常に開発までの速度を更新し、多くの成果を上げ続けました。単に人を管理しているだけでは、こういう結果は得られません。強い納得性は信頼関係を強化し、人が自発的に動く動機になるのです。

なお、兄はその後、あまりの理不尽を感じて社会風潮を変えたいと考え、辞職するために自ら閑職に就いてチームを自分で解散するのですが、最後の最後まで兄が会議に赴くと、当時のメンバーは求めてもいないのに、先輩も後輩も立ち上がって兄を出迎えてくれたのです。そして、「西川さんが来たから、もう大丈夫だ」と述べる人がいました。

兄はこれを聞いて、「このプロジェクトはもう成功したな」と確信しました。良いサイクルは良いサイクルを連続的に生じさせるのです。

自発性と信頼感。マネジメントリーダーにはこれが必要です。そのためには、結果の公平さではなく、口先やルールシステムとは無関係の真の納得性、そのための判断の公正さと先や本質を見る目、いろんな意味での安心感。これがメンバーの自発性を高めるのです。

おいしいところだけを取っていって、責任回避するようなリーダーになど人はついていきません。納得性のない判断や行動を取るリーダーに対しても同様です。

## 目的を一致させようとする調整が交渉の極意

実は社内調整なんて非常に簡単なものなんです。どうしてだと思いますか？

交渉と調整の第一歩は、目的の一致にあるからです。そもそも、目的がまったく一致していない相手に交渉などできません。相手にとってみれば、交渉相手にすらならないわけです。

多くの人はここを理解していません。自分に都合よく捉え、相手の意思や相手の都合は無視して、こんなプレゼンをしたらうまくいくはずだとか、愚かな人は相手をコントロールしようとするし、コントロールできるとさえ思っています。

断定しますが、違います。大型量販店でトップ営業とそうではない営業の違いは、顧客の意思を見て、相手の気持ちを引き出して後押ししてあげようとしているか、相手に買わせようとしているかの違いです。

例えば、テレビを見に来ている客は、テレビに興味があるわけで、「良かったら買いたいな」くらいの気持ちがあるからこそ、見ているわけです。が、「営業＝大きな金額のものを買わされる」という不安も同時に抱いています。

だから、買わせようなんて思っている人が買ってもらえるわけがありません。でも、放置したら他の店に行ってしまいます。あなたならどうしますか？

かつて、兄は大企業時代に昇進した際、大型電機量販店に一ヶ月だけ研修で出向し、店頭販売をしたことがあり、全国売上順位を百位前後から一気に十位前後まで押し上げた経験を持っています。

最初の二日間はまったく売れず、三日目に初めて売れた商品は返品。四日目から売れはじめ、五日目からは毎日営業トップ、利益率トップでした。

これは才能ではないです。ずぶの素人でもできるのだから、あなたにだってできます。相手をコントロールしようとするのではなく、相手の気持ちを引き出して後押しする。そのために観察するのです。

ちらちらとテレビを見に来ている客は、テレビに興味があるのです。ですから、テレビの興味という共通の目的を持って話すことが、第一歩になります。値段ばかり見ている人は、値段に興味があります。この場合は、値段が共通の目的になります。

もちろん、どんな場合でも相手の意思や思惑も含め、しっかり観察することが必須になりますが、目的の一致がなされていれば、交渉や調整の成功確率はぐんと上がってきます。逆に、目的が一致できない相手には、頑張るだけまったく時間の無駄です。どれだけ営業をかけても、うまいプレゼンをしても、その目的を持っていないのだから、何の意味もないのです。

この目的一致の法則、単純かもしれませんが、意外と皆さん理解されていません。つい相手をコントロールしようとしてしまう人が多いと思います。

ここで覚えておくのは、次のことです。

✕ 相手をコントロールしようとする。
○ 相手と自分の目的を一致させる。そのために観察する、コミュニケーションを取る。

決して相手をコントロールしようとしてはいけないことを再度書いておきます。

頭でわかったつもりでも、全然できていない人が多々いるので、気がついてほしいのですが、泣いたり無視したりすることも、そこに相手の行動を期待している意図があるのなら、相手をコントロールすることになっていますよ。

そして、多くのケースでそうした意図が働いているなら、自分の思い通りに相手は決して動いてはくれません。そこには目的を一致させようとする調整がなく、一方的な自分の目的の押しつけしかないからです。

## 相手の「効き五感」を見抜いて言葉を選ぶ

次に、目的一致がなされていても、今度は相手の行動プロセスが関わってきます。

視覚的な話が好みなのか、聴覚的な話が好みなのか、感覚的な言葉を使う人なのか。これが見抜けていないと話が入ってきません。

実は、人には「効き五感」というものがあり、効き五感によってどの五感の言葉をよく使うのか、耳に入りやすいのかが異なります。

例えば、ラーメン屋の紹介をするとします。

**1** ある場所にラーメン屋があるんですが、そこは、見かけはとてもぼろくて、中もすごく汚くて、しかも常に人がたくさん並んでいて混雑しているのですが、出てきたラーメンは美味しそうな色をしていて、食べると本当に美味しい店なんです。

**2** ある場所にラーメン屋があるんですが、そこはとても汚い店なんだけど、有名店なんです。メニューも、ラーメン、チャーシューメン、早慣れ寿司くらいしかないですし、いつも混んでるんですが、味はしょうゆとんこつの最高クラス。客もみんな「美味しい、美味しい」と言っている店なんです。

**3** ある場所にラーメン屋があるんですが、そこはひどく入りにくい雰囲気のぼろい感じの店なんですが、人がすごく並んでるし、とても美味しそうな雰囲気を醸し出してるんです。並んで入ってみると、さらに汚い雰囲気ですが、出てきたラーメンは、本当に超絶美味しくて、また行きたくなる店なんです。

いろんな人にこの三つの文章を見せると、それぞれにしっくりくる文、しっくりこない文が出てきます。

この程度の紹介ですら、しっくりくるか、そうでないかが出てくるのですから、ビジネスにおいても、プレゼンや交渉、調整のシーンで、相手にしっくりこない言葉や文で話してしまえば、うまくいきにくくなります。だって、耳に入ってこないのですから、まともに聞いてもらえないわけです。

これが、効き五感の怖さです。相手に合わせるなんて、いろんな本で書かれていますが、相手の心境に合わせたり、相手の考えに合わせても、ここが合っていなければ、耳に入ってこないし、記憶に残らないので、ほとんど意味がありません。皆さんの苦手な人は、この言葉が合っていないケースが多々あります。

これは、トレーニング次第で使いこなせるわけですが、できない人は永久に損し続けますよね。視覚、聴覚、感覚など、この五感をあらわす言葉を使うということが大切になってくるわけです。相手がよく使っている言葉などから、相手の効き五感を見抜いて、相手の耳に入りやすい五感を用いた言葉を使うということです。

## 必要なのは公正な判断力と本質を見抜く目

マネジメントは、納得性こそが肝です。そして、そのための公正な判断能力と、表面的ではない本質を見抜く目を高める必要があるのです。

逆に、器がその地位に釣り合っている人、公正な判断能力がある人、本質を見抜く人をリーダーや幹部にできないような組織は壊れていきます。

誰かの都合で、無理やり誰かを育てるために、リーダーに抜擢するなどは最も下策。見えないところで、社員のモチベーションがどんどんと損なわれ、組織が壊れてしまいます。そして、日本企業は気がつかぬ間に、組織が壊れていく方向に舵が切られているところが多々あるように思えます。

それこそが、相手をコントロールしようとするコミュニケーションの前提に立ってしまった悪しき風潮の成果ではないでしょうか？　器の小さな人ほど、相手をコントロールしようとし、またできると考えがちです。

ですが、そんな都合のいいことはありません。なぜなら、皆さん、誰かにコントロールされたいですか？　もちろん綺麗事や耳障りのいい言葉で、行ってはいけない方向にどんどん誘導されてしまうことも増えています。が、結果は惨憺たるものになり、自分たちの首を絞めますよね。結局、そうした前提に立っている限り、物事は良い方向には決して向きません。

器を磨くのは時間が要ります。メンタルは頭だけで理解してすぐに実践できるほど甘くはありません。頭ではわかっていても、なかなかそう行動できないものです。だから、私どものようなコンサル的な人間が要るのです。

一方で、本質を見抜くことについては、少しばかりテクニックを学ぶだけでも、すぐに大きく向上することができます。

ですので、まずは皆さん、見る目を養うための技術や考え方を身につけることから始めていきましょう。

この節では、以下のことを覚えておきましょう。

★ POINT

- 自分勝手な思いだけでは相手に伝わらない
- 深いコミュニケーションは自ら進んで学ばないと身につかない
- 選択してもらうことで納得とモチベーションが生まれる
- 相手と目的を一致させる
- 相手の効き五感を見抜く

# 02 本質を見抜く

## 誰かの偏った価値観に依存するのはもっての外

さて、いろいろやっているし、勉強もしているし、メンタルも悪くない。でも、うまくいかないなんてこともよくあります。そういう方は、物事の本質を見抜いていない可能性が非常に高いです。

人の本質を見誤れば、マネジメントで思った結果が出ませんし、結婚後に「こんなはずじゃなかった」と後悔したり、メディアの偏った報道に振り回されてダメ政治家に投票し続けたりします。課題の本質を見誤れば、決して解決はしません。

そして、ビジネスの本質を見誤れば、チャンスを逃し、今の自分を見誤れば、大失敗したり、したくもないことに全力を出させられたり、誰かの価値観の奴隷のように生きることになり、成功しても、目的達成したと思っても、全然楽しくありません。

皆さんが、本質を見られない理由は、自分の目で責任をもって見る練習をしていないから、自分を磨いてもいないのに自分の目を信じてしまっているからです。

だから、すぐ空気感に流され、「誰かの偏った価値観での正しさ」からだけで判断しようとしてしまう。仕事でも、政治でも、恋愛でも、何でも本質は同じなんです。

民主党政権にしたらダメ、麻生政権を潰したらダメと気がつけなかった人、トランプ大統領の誕生を予測できなかった人、トランプ氏が大統領になったら株価大暴落なんて思い込んでいた人、アウンサンスーチー氏が人格者だと思い込んでいた人、アベノミクス的女性活用で日本が良くなると思っていた人……そんな人が政治的判断をしたとき、また同じことになりますよ。

なのに、自分を磨こうともせず、そのときだけメディアに文句を言って、また空気感に流される。やってはいけない政策に賛成し、しなければいけない政策には反対してしまうのです。

「それは違う。日本が真似た女性活用法をいち早く取り入れた北欧は幸せなはずだ」と主張する人に言っておきます。その結果、スウェーデンは世界一、単一世帯が多い国になりました。つまり、お一人様率が世界一です。ノルウェーは強制女性活用法のために業績が悪化し、その適用を避けて上場廃止になった企業が続出しています。そして、EUのどの国も少子化から移民を巡ってトラブルになっていたり、男性が不当に扱われるケースが増えたりしています。つまり、EUは衰退途上国と言えます。ゲームの世界のような結果の押しつけ世界をつくろうと頑張っているようです。「国民が幸せになるため」というのが目的のはずなのに、ある一つの価値観を実現する手段そのものを正義化していることに気がついてください。

逆に、イランはあれだけアメリカや周辺国に経済封鎖をされ、抑圧されていますが、国力は衰えません。石油があったにせよ、技術革新の面でもです。それは、自分たちの伝統を誇りに思い、守っているからです。

日本はどうでしょうか？　メディアの価値観である女系天皇煽りに乗り、日本の伝統を誇れない人が増えています。米国という他国に、過去強制的に皇籍を剥奪された旧宮家をないがしろにする。これでは国力なんて衰えるのは当然です。日本と特徴が異なる欧米の価値観を入れれば、欧米以下になるのは当たり前ですし、そもそも欧米自体が下り坂まっしぐらですよね。

欧米の価値観でつくられた幸福度の調査では、欧米は軒並み激下がりしています。日本も下がってはいますが、欧米の下落が激しいために順位を保っているように見えるだけです。上位は軒並み、古い伝統がある程度息づいている東南アジアなどの開発途上国になっているのは、皮肉すぎる事実です。古い伝統って意外とその土地に合っていることのほうが多いのです。

どこかの新聞やテレビメディアではありませんが、それが一部の現象であるにもかかわらず、それだけが真実で正義のように報道し、他の大多数が別の被害を受けるような政策を強要する空気感をつくり出しているように見えます。本質が見えていない一般の人は、それに影響を受けて愚かな社会風潮に賛成票を投じてしまい、どんどん息苦しい世の中になって、経済もモラルも何もかもがダメになってきたのが日本です。

身の回りのことも、大きな流れも、ほんの少しの気づきがないことから始まります。逆に言えば、少しの気づきが、身の回りの環境を変え、社会を変えていくことだってあるわけです。

どちらが良いですか？

このままダメになっていくのって嫌でしょう？　もっと良い人生を送りたいから、この本を見てくださっているのだと思っています。

であれば、無駄な努力ではなく、良い努力をして自分を磨くしかなく、まずは本質を見る目を磨くしかありません。私どもは今でも、日々自分たちの見る目を磨いています。見る目を磨くことに終わりはないからです。

上から目線と思われるかもしれませんが、少なくともブログを見ていただければわかりますが、前記のことはすべて事前に察知していますから、この程度のことを言わせていただく資格はあると思っています。皆さんも、今からでも遅くはありません。まず気がついて、自分の目を一生懸命に磨きたいと思うことからが始まりです。

本節では、本だけでは限界がありますので、そのいくつかのヒントをお渡しできればと思っています。

前述しましたが、一番周囲にとって有害な人は、志だけあって、見識も本質を見る目もなく、自分の正義で行動する人です。今、一番多い気がします。

本質を見る目がなければ、無駄な努力、あるいはやってはいけないことに対して力をかけてしまい、結果は惨憺たるものになる。無駄ならまだしも、これだと有害となります。まさに最近のいくつかの政策や報道がそれにあたりますね。正義には反対側の正義も必ずあるのです。

盲目的に自分が信じたいものだけを見ようとした生きた見本です。そして、一度成立してしまった法律は簡単に廃法にできないため、有害な法が成立してしまったら最後、取り繕って取り繕って取り繕い続けることになるわけです。

取り繕って取り繕った結果、どんどん息苦しくなってきていませんか？　社会が加速度的に良くない状態に入っていることくらいは、肌で感じている方が多いのではないでしょうか？

何でもそうですが、自分や周囲の多くにとって未来が本当にプラスになることに努力しなければなりません。勉強の仕方一つとっても、セミナーに行くにしても、見る目がなければ、無駄な時間で有害な知識を得てしまいます。

見る目のない人は大手企業というだけで信用してしまい、おざなりな対応をされる。見る目がある人は、中小企業でも良いもの、良い人を見抜き、親身な対応を受けて満足する。

見る目のない人は、人が多く集まっているというだけ、ただ単に有名だというだけで、有害なセミナーを受講してしまい、行ったことで満足したように思い、お金と時間だけ消えていく。見る目がある人は、少数でも、無名でも、内容の素晴しさを見抜いて、そちらに行く。

昨今、老後二千万円問題なんて報道が出ましたが、これで突然、証券会社に口座を開いたりする人が増えているようです。でも、報道されてから行動するような人が、証券で儲けられることはないです。今からでも行動を変えていかないと。

その中の数多くが、煽り屋と呼ばれる人が主催するようなセミナーに行き、はめ込みにあったり、イナゴと呼ばれる人たちの仲間にされ、最初は良くても、いずれ資産を失って退場することになるでしょうね。しかも、そういうセミナーほど、人が多かったりするものです。NLPもセミナーですので、その世界でも同じことが言えますが、セミナー参加ですら、目指しているところや本質を見ないといけません。

こういうことがよく言われています。「成功者は、若い頃から自分に投資し、さまざまなセミナーに自腹で参加する」と。これを見て、「あ、セミナーに行きさえすればいいんだ」と思うのは、大間違いなのです。

どのようなことに対しても、自分の見る目を磨くこと、見識を増やすこと、これまでの見識だけに囚われず、角度を変えて見ることがとても大切で、それらが相乗効果を生んで、より見る目が磨かれていくことになるわけです。

本質を見抜く目を磨くためには、練習方法があります。そして、問題や課題を解決するためには、技術があります。すべてを申し上げることはできかねますが、ここではできる限りのことを紹介していきましょう。

## 負の側面にも気づく練習をする

まず、自分ができていない、ダメだっていうものを十個ほど書きます。つまり、あなたができていないことで、例えば、こういうことです。

・落ち着きがない
・優柔不断だ

次に、世間やニュースで流れている主張で、良いこと、正しいこととされていることのうち、あなたが共感することを十個書きます。例えば、こういうことです。

・憲法九条を守ることが平和を守る
・保育園を増やすことが社会を良くする
・丸山穂高議員は免職にすべきだ

さらに、自分ができていないこと（先に十個挙げました）の見方を変えて、正の側面を書いてみます。ここでの例だと、こうなります。

・落ち着きがない→何にでも興味がわく。すぐ動ける。……など

・優柔不断だ→物事を慎重に考えられる。……など

次に、世間やニュースで流れている主張であなたが共感していたこと（十個）の見方を変えて、負の側面を考えて書いてみます。ここでの例だと、こんな感じでしょうか。

・憲法九条を守ることが平和を守る

→九条があるおかげで、中国軍や漁船に侵入され放題。竹島は返ってこない。在日米軍がいつまでも必要で経済的に問題。北方領土問題は解決しない。尖閣諸島を守るために沖縄に米軍が要るので、いつまでも沖縄問題がついて回る。……など

・保育園を増やすことが社会を良くする

→子どもを放置する文化、接する機会が減るため、甘やかす風潮で教育上良くないケースが増える。保育園は経営上自走できない可能性のほうが高く、悪徳保育園が増加し、預け先の不安が増える。……など

・北方領土を取り戻すためには戦争も必要と発言をした丸山穂高議員は免職にすべきだ

→江戸末期の林大学頭術斎がペリー提督とわたり合って譲歩させたときの交渉だ。丸山議員くらいの強い思いがある議員はなかなかいない。マスコミがつくり出してきた空気感

に対決しようとしている議員は他に見当たらない。……など

ここでは、二つ以上の負の側面が書けるくらいでなければいけません。

なお、丸山穂高議員の北方領土についての発言にせよ、それをどう受け取るかは個人の自由であって、マスコミが「それはおかしい」だの、「議員の発言としてふさわしくない」だのと、正しさという価値観を決めて空気感をつくっていること自体が異常で、皆さんの考える思考力そのものを奪っているわけです。物事は一意的に善悪が決まるわけではないからです。

さて、この練習の意味は、まず自分がダメだと思い込んでるところにも、実は長所となるべき性格が隠されていることに気づくためと、自分の主張や正しいと思い込んでいることにも、必ず負の側面があることに気づくためです。

つまり、視野の拡大につながるのです。

この練習では、あなたの主張はどうでもいいので、一旦、主張は切り離して考えてみることが大事です。

もし、自分がダメだと思い込んでいることで正の側面が出てこなかったり、世間で流れているニュースなどで自分が良いと思っていたことの負の側面が出てこない人は、相当視野が狭いと言えると思います。それでは、あなたの判断はいつしか袋小路に行き着いてしまうでしょう。今のあなたの選択肢は非常に狭いからです。

負の側面に気づいてもいないない人の主張なんて、非常に薄っぺらいものになり、結果のほとんどは大失敗に終わることでしょう。なぜなら、負の側面を考慮せずに、判断しているということになるからです。

そういう人の目からは、負の側面の影響が突如出てきたように映りますので、さらに考慮が足りない対処をし、ますますドツボにはまるものです。

判断の悪い選択をする人は、基本的にこのループにはまっています。

ただ、この練習を通じていろんな選択肢に気がついてみれば、もっと可能性は開けてきますよ。あなたはどっちがいいですか？　これは意思さえあれば、誰にでもできることです。

では、ここから本質を見抜く技術について説明していきましょう。

## 技術1　問題は分割して対処する

ビジネスでも、人生でも、目標や課題が大きすぎる場合が多々あります。いきなりそのこと、そのものを考えると、ピンと来ません。例えば、「売り上げを二十億増やせ」とか、「三十億赤字だけど、これを立て直せ」とか言われても、すぐにピンと来ないのです。個人で一億円稼ぐと言っても、どうしていいか、多くの人はわかりませんよね？

これを実現するためのスキルがNLPにはあります。第1章で目標の立て方について述べていると思いますが、まさにその考え方がここでも使えるわけです。

NLPだけではなく、古代からのマキアヴェリ実録を読まれている方はわかっているかもしれません。古代の政治家、思想家であるマキアヴェリは、ローマやチューザレボルジアを研究し、こう述べています。「分割して統治せよ」。

問題は分割して考えよということです。これはNLPで習う「チェイニングアンカー」の考え方です。NLPを学んだ人でも、ワークばかりやっている人で、本質を見ていない人はこのことに気がついていないかもしれませんね。

弟の話です。ある案件で、期日までに納品ができず、延期になったことがありました。

簡単な案件だと思い込み、ある人に任せていたのですが、問題が発覚したときには、すでに遅く、延期ということになってしまったのです。納品が延期というのは重大な問題で、もちろん延期した期日までに納品するために頑張るわけですが、それだけでは終わりません。延期になった原因を整理し、改善し、将来の失敗を防ぐ必要があります。

問題というのは、整理してみると、普段の行動が招いていることが多く、すぐに、しかも簡単に改善できることが多いのです。

例えば、任せた部分でも定期的に声をかけたり、コミュニケーションの場を設けたりするだけで違ったかもしれません。それは、双方が納得してしっかりと問題を分割し、簡単に達成できるようにステップを踏んで解決していたからだと今では思っています。

つまり、「今、自分ができることは何？」と考え、「その次にできることは？」と一歩一歩〝本質的な肝になる〟課題を設定し、目標を設定し、最終的な課題解決・目標達成に導く。これが、やはり基本になるところでも言えるわけです。第1章でも、プロ野球選手の例で、述べましたよね？「目標は分割せよ」と。本質を見抜くことが組み合わさり、うまくいきやすくなるのがわかりましたよね？

古代の政治家マキアヴェリが述べた、国や民衆の統治方法「分割して統治せよ」も、この考え方ですし、ＮＬＰでいうチェイニングアンカーの本質の一つが、こういう分割なのです。なお、チェイニングアンカーは、これに加えて、自ら成功体験を積むことで、より目標達成の実現を強くしていくということになるのですが、ＮＬＰを深く実習することがなくても、問題を分割することさえ知っていれば、一定の成果が上げられます。

成功体験を得る方法に関しては、書面で書いても伝わらないので、より深く知りたい人は、講習会に参加くださるしかありません。ただし、ここに書いたことだけでも十分に効果がありますので、無理に来られる必要はありません。

## 技術 2　他人の良い思考やパターンを取り込む

父は若い頃から、とにかく上司のやり方を見て、自分がやった場合はどうだろうかと考えながら仕事をしていました。自分ならこうするのにとシミュレーションをしていたのです。これは大切なことです。一つ上の視点から物事を見るということで、上司の立場を「モデリング」するのです。

そうすることで、実体験として物事の先を見る力や客観的に見る能力と主観的に見る能力が、日々の仕事をこなすうちに自然に鍛えられていたようで、実際に上司となったときに大いに役に立ちました。結果の平等ではなく、本質的に公正な目で、いろいろな角度から見られるようになっていたなどの効果もありました。

この程度なら自分でもできますよね？　「この人はすごい」っていう人を見つけて、その人の優先度のつけ方や仕事の考え方をトレースして、自分もそうなってしまえばいいのですから。

ＮＬＰの中には、このような「モデリング」というスキルがありますが、この技を簡単に言ってしまうと、父の過去事例と同じです。実際は少し催眠的要素などを入れて、もっと本人になりきるということをするのですが、そこまでしなくとも、それなりに成果は得られます。

もちろん、もっと学びたい方は講座で学んでくださってもいいですよ。

兄や弟も、プロジェクトを初めて任された当時は、「この人はすごい」と思っていた上司や先輩がやっていたことをよくモデリングしました。

あらゆるスポーツで、プロや有名選手の映像や動きを模倣すると上達が促進されることが多くあります。もちろん、体格なども一緒ではないので、そのまま完全にコピーできるわけではありませんが、自ら体験することで、原理や感覚がわかるようになります。

スポーツだけでなく、一般的にもそうです。ファッション誌に載っている服や芸能人が着ていた服を買って着てみるのも、ちょっとしたモデリングを伴った行動なんです。

誰か身近にいるちょっとすごい人をモデリングして、自分に取り込んでしまうということを心がけましょう。

## 技術3 言葉に潜む情報を読み解く

世の中に流れる情報というものには、必ず発信者の意図がベクトルとして乗っています。発信者は自分が主張したいメッセージを潜ませてニュースにしています。ですので、それだけを真に受けると他人の考えに流されてしまうことになります。

プレゼンであろうと、ニュースであろうと同じです。皆さんも同じことをしていますよ。自分の意思を通すために、必死に理由づけしたり、相手の心を動かすためにいろいろな努力をしますよね？　ビジネスだと周囲との調整や交渉、プライベートだとパートナーや友達との交渉です。

女性の場合、コミュニケーションを楽しむという意味で、特に意味のないコミュニケーションを取る場合も多々ありますが、それだって共感してほしいとか、楽しさを分かち合いたいとか、いろんな意図が入っているわけです。

男性の場合は、目的達成のための手段としてのコミュニケーションという側面が強いですよね？　ですので、必ず自分の意図が乗っているわけです。昨今、あおり運転が問題になっていますが、あおる行為そのものにも意図があります。言葉だけではなく、いろんなものすべてに意図や思いが乗っているのです。

できるだけ少ない情報から、そうしたものを読み解くことは、いち早く本質にたどり着くためのスキルになります。言葉には、そうした情報がたくさん乗っています。下手をすると話している本人すら気がついていないこともあるかもしれませんし、気がつきつつわざと使っているケースもあります。

前者の場合は、発している側すら気づいていないことに気がつくことができ、後者の場合は、相手の狙い（思想誘導や洗脳的な意図）をいち早く見抜くことができます。この言葉の前提を知ることだけで、コミュニケーションの改善がいち早く図れるのです。

このことはとても大事なことです。すべてはこの場では言い尽くせないのですが、最も大切な一部と、その例文と解説を次項から掲載することにします。テレビや雑誌などのマスメディアでは、このような文が知ってか知らずか、しきりに使われていますので、そちらを例にしましょう。

実は、多くのテレビメディアのほぼすべての報道は、当たり障りのない言葉や視聴者が共感するようなことから始まります。

そうして共感してしまった状態で、その後の言葉を聞くと、すっと無意識に刷り込まれてしまうことがあります。同じ内容を繰り返し流されるとよりそうなりやすく、これはほとんど洗脳に近い状態と言えます。皆さんが、判断ミスをしたり、後悔したりすることが多くなる一つの原因は、日本の報道は極めて一方向的な報道が多く、それ以外の方向性に結果がずれると、どの報道局も別の方向で報道していないため、一斉にどんでん返しを受けてしまうからです。

一方向に向かう理由も、メディア関係者の思い込みという経験上の制限からきているように思えます。が、多様的な側面を伝えていない報道が多いため、それが流されると多くの場合、判断ミスをするように思います。

そうならないために、まず大切なことは、メディアがYESを引き出すような冒頭では、共感しないことが一つのブロックになります。

## メディアが使う心理的技法とその破り方

ここでは、さまざまな心理的な技法と、その破り方を掲載します。これは、メディアのみならず、詐欺や強引な勧誘などでも使われる可能性があるものなので、影響を受けないようにしましょう。

### ▼「今回の選挙で野党が与党を倒したら、その後どうするかまで考えておかないと……」

これは「前提操作」という技法です。脳というのは、あらゆる仮想現実を想像できるので、「もし……したら」という言葉を複数の人がいろんなところで語ると、人は無意識に、まずその状況を想像してしまいます。脳は仮想現実と現実の区別がつかないので、何度も何度も共感した状態で聞かされていると、その想像した状態が頭の中で〝当たり前〟のことになってしまうのです。

この文章は見かけ上、さらっと流れてしまうので、最も危険なものです。この文は、野党勝利を印象づけようとしています。つまり、発信者は与党をとにかく倒したいという意思を持って発信しているので、内容も野党寄りに偏っているんだろうなということがすぐわかります。

**破り方**

逆パターンの「じゃ、もし与党が勝って」＋「もし、主張の反論だったら……」と考えてみるといいです。

### ▼「小池氏が国政に打って出ることを多くの国民は期待していると思いますが……」

このようなパターンも多々聞きます。

これは「決めつけ暗示」という技法で、メディアのようなある程度国民から信頼されている発信者が行って初めて有効になる手段です。

これを聞くと、そうしないと自分は周囲から見ておかしい的な空気感が生まれます。

多くって言われても、どのくらい多くかはわかりません。一万人中五百人で多いと言っているかもしれません。五百人って聞くと多いって思いますよね？　でも、一万人中ってつけられると、人数は多いかもだけど、割合的にはそう多くないって思います。こうした前提が一切入っていない言葉なのです。

実際、二〇一七年の都議会選挙では、二週間前まで自民党が優勢でしたが、こうした報道や、また疑惑という内容のないものをこうした手段を用いてどんどん流した効果が出て、一週間前には小池氏の一派が優勢に変わっていました。

もともと小池氏を応援しようと思っていた人は別にして、考えが変わった人、つまりメディアに印象操作された人がかなりいるということです。

あのときは、メディアはこうして実際に人数が増えた後に、データを公開し、「ほら、小池氏支持が多かったでしょ？」的な後づけ報道をしていました。

**破り方**

「多くの国民が期待って、具体的に誰が？」「どのくらいの人数が？」とか、「私は別にそう思っていない」とかです。そして、「その報道は本当か？」「それってどの程度の割合？」「反対している人はいないの？」などと具体化するといった手段があります。こういう言語には、自分で反論しないと刷り込まれます。

他に、少し前の事例だと、以下が同じ例になります。この決めつけとか前提を組み合わせた文が、やたらと使われていますよ。

・「トランプ氏が〝また〟トンデモ発言です……」

・「女系天皇を〝多くの〟国民が望んでいますが……」

・「女性積極的登用こそが女性の活躍を推進するのは当然ですが……」

この三つは、やたらと耳にした言葉です。とくに三つめは、長い目で見て逆に一部の女性以外にとってはマイナスなことが多いのですが、そのことには一切触れていませんので、多くの人は気がついていないでしょう。一見すると、特に女性には非常に受け入れやすいので、考えることなしに取り込んでしまうと思います。

そして、一度ついてしまった印象は、さらに同じような内容で強化されてしまうので、ある意味どんどん洗脳されていきます。

例えば、トランプ氏は日本の拉致被害者に言及してくれたり、自国の大学生を救出したり、そういうこともしているのですが、あまり報道されていません。

二つめの報道は、小室圭氏を批判しながら、秋篠宮家を批判する材料にはするのに、将来小室氏が皇籍になるような女系議論は批判せずという極めて偏った論調です。よくよく考えれば、他国の介入で不当に皇籍を離脱させられた旧宮家の男系男子（遺伝子的には今上天皇の娘よりも、天皇家の血としては濃い）が百名を越しているにもかかわらず、彼らの血が遠いと主張するような印象操作が行われています。

他にも、「まだ女系天皇を議論しないのか」や、「そもそも法的にも議論にすら値しない（皇嗣は悠仁親王に決まっている）。悠仁親王と愛子内親王とどちらが天皇に？」などという、聞き手の印象を操作するような〝前提〟刷り込み型の報道を延々としてきました。

また、彼らは容認という言葉を用い、賛成でもない反対でもない人の数も含めて、自分たちの主張に都合のよいほうを多数派に見せかけ、多数派形成をするための心理操作をしたりと、非常に悪質な印象操作を何十年も続けています。

気づける人には聞くに耐えませんが、多くの人は、言葉そのものの力を知らないので、気づけません。常に欧米が正義で、日本の良さも、日本の伝統も、誇りに思えないような他国の回し者のような恥ずかしい偏った主張がなされていることに、皆さんは気づけますか？　気づいてなお、自分の考えを持つことは良いことです。しかし、そもそも気づけていなかったのであれば、刷り込まれている可能性を疑いましょう。

個人の主義主張は自由ですが、メディアに印象づけられた行動はよくありません。それではもはや民主主義ではなく、メディアの一部の権力者の思想が国民に押しつけられる社会です。

覚えておいていただきたいのは、最初に持ってしまった印象というのは、かなり自分に影響を与えてしまうということです。

どうしてでしょうか？　それは、誰しも「自分が間違ったことをするはずがない」と無意識で考えてしまうからです。なので、印象がついてしまうと、その印象によって人は大きな選択ミスをします。では、もう少し例を見ていきましょう。

## ▼「大義なき自民党を選ぶのか（借金を増やした政権か／財政再建を棚上げするか）、そうでないのか、国民の判断が待たれるところです」

これは、「二者択一誘導」です。

一方を一方的におとしめて、他方にも実際には問題があるのにそう思わせない、あたかも他方がマシに見えるような言葉の使い方です。

**破り方**

「そうでないほうには、どんなマイナス面があるの？」「あなたは自民党を落としたいのだよね？」ということです。

言うまでもありませんが、前述の二〇一七年の都議選のときは、さらにこうした表現が毎日執拗に使われていました。多すぎて気分が悪くなるので、割愛します。

こういう感じの言葉は、個人同士の会話でたまに話していても、特に問題ありません。さしたる影響を受けないからです。ですから、普段の会話ではそこまで過敏に注意する必要はありません。

注意すべきは、信用という評価が与えられている発言力や影響力のあるメディアや要人が、こうした言葉を執拗に使い続けているときです。

日米のメディアは特にこの傾向が強く、やたら誘導してくる傾向にあるので、皆さん、テレビ、新聞、週刊誌を見て、何かしらの情報が掲載されているときには注意してください。いつのまにか、印象が操作され、自分が下した選択をかなり後になって後悔することが多々あると思います。

## 印象に支配されてはリーダーは務まらない

これだけではありません。学校教育、両親、好きな人、尊敬する人、あらゆるところから人は影響を受けます。それ自体が悪いわけではありません。自然なことですし、受けたい影響は受ければいいんです。

皆さんの何かを見る目は、自分たちの経験や植えつけられた倫理感、社会的圧力などによって、初めから歪んでいると認識していることが大切なんです。皆さんの目が、すでに歪んでいるのを受け容れることが第一歩になります。

歴史の話をしましょう。人類は認知革命で言葉を手に入れました。言葉というのは事実以外の想像上のものを共有することができる代物です。

例えば、日本国憲法や法律。みんな、これらが正しいものと信じて行動します。法に反するのは悪いことだと思っています。違いますか？　でも、実はこれは誰かが正しいと決めた制限でしかありません。法律の本質は人々の行動制限なんです（もちろん、だからと言って法令違反を推奨するつもりはありません）。

しかし、なくてもいいと思える法令や、価値感情的に共感できない、即消去したい法令だって多々あります。そんなとき、皆さんならどうします？　法治国家で法令に従うのは当たり前でしょうか？　勝手に価値観を押しつけられた法律まで守らなければならないと思うことは、すでに印象を植えつけられてしまっているということです。

「○○したら、幸福になれるよ！」という〝印象〟を広め、それを共通常識にしてしまったらどうでしょうか？　日本だけでも一億人以上、世界中ならば何十億人もが「○○したら」というフレーズ一つで協力することになります。

これって誰の得になりますか？　私たちのためになるのでしょうか？　万人にとって嬉しいことならまだいいです。これが「印象操作」です。環境が変化したら、印象をつくり変えればいいんです。

会社、社会風潮という圧力、多くの同じような報道という空気感。もし、これらが偏っていればいるほど、この力は強大で、多くの人がそれに印象操作されてしまいます。特に、日本人の多くは空気感に非常に影響を受けやすい気がします。

それに異を唱えると、全否定と異物攻撃、言葉の揚げ足取りが待っています。だから、後から後悔する人が絶えないのです。

民主党政権が成立した当時、多くの人が民主党に投票し、そして後悔しました。どうしてこんなことが起きたのでしょう？　私たちはブログでも「ダメだー」と悲痛な叫びを上げていたのですが、誰も聞いてくれず、誰かの都合で植えつけられてしまった印象に操られてしまい、自分の判断ではなく、他人の判断に知らず知らずのうちに乗せられているのです。空気感から流された人もいるでしょう。

トランプショックも同様です。いまだ支持率が異常に高いですが、小池百合子氏についても我々は同じだと思っています。知ってか知らずかはわかりませんが、メディアの言葉には、多くの洗脳的な言語モデルが使われていることを皆さんは知りません。この洗脳的な言語モデルがほぼ全局で流れれば、この分野に見識を持たない多くの人たちが、その影響を強く受けてしまうのは当然の流れです。

でも、これだと他人の人生を他人の都合で生きていることになります。決して幸せな結果にはなりません。ですから、見る目を養うための方法、技術、考え方のヒントをぜひ掴んでいただければと思います。

印象に支配されず、見極める目がいかに大切か。それには、見極めようと努力することが大切になります。

そのヒントは、正しさという自分が今信じている、もしくは誰かに植えつけられた価値観や尺度に囚われないことや、耳障りがよくて自分に都合のいい考えに囚われないことです。これは、先ほどからずっと書いていますが、メンタルが影響していますよね？ 実際、頭でいくら理解してはいても、人は自分の正しさに執着してしまうものです。自分の信じたい正しさより、影響がどっちに向かっていくのかを見る努力、答えのない問題の確かさを見ようとする意識を持ってください。

フランス人は風鈴には決して気がつかないようです。自分が意識しようとしない限り、実際には存在するはずのものも見えてはきません。これがＮＬＰを実践的に応用した考え方です。ワークやスキルより、こうした中核的なところが実生活には非常に大切です。

ここで、もう一度質問してみましょう。次の文章を見たとき、皆さんはどんな印象を持ちますか？

・トランプ大統領のメキシコの壁問題
・トランプ大統領はロシアのおかげで当選した

最初の文章で、トランプは馬鹿だといった悪い印象を持った方は、以下の文章を読んでみてください。

もし、日本に大挙して、北朝鮮や中国から不法入国者が押し寄せてきたらどうしますか？不安は感じませんか？　もし、こうした状況になれば、多くの日本人は、特に沿岸部の国民は、海上警備隊や自衛隊を動かせなどと主張しませんか？　援助して日本に来なくしろと言う人もいるかもしれません。違いますか？

ここで、日本をアメリカに、北朝鮮や中国をメキシコに置き換えてみましょう。アメリカとメキシコの間には海がなく、陸でつながっているから、壁になるわけです。警備隊だけだと突破されるからですよ。

別にトランプ氏を擁護するつもりはないのですが、他人事として捉えているところがあるので、自らのことに置き換えるとわかりやすいはずです。トランプ氏のやっていること、そんなに悪いのでしょうかね？　最初の文章を見てトランプ氏に悪印象を持った人は、マインドコントロールされてしまっているのですよ。

次に第二の文章。よく報道で、ロシアのおかげで当選したみたいな言い方されていますが、それ、誰が保証してくるんでしょう？　そもそもロシアや中東、中国から怪しいマネーが流れているのは、トランプ氏ではなく、クリントン氏です。これはアメリカではとても有名なことです。仮に、トランプ氏がロシアから何かしら情報を得ていたのだとしても（それすら本当かどうかわかりませんが）、それだけで当選できるほど、大統領選は甘くはありませんよ。

で、ロシアのおかげで当選したと思い込んだ人は、これまたマインドコントロールされていますよ。反発される方がいるかもしれませんが、そういう人には、自分が信じたものとは違う事実や、自分が信じていたことを否定されるようなことから目をそらしたいという心理が働いているかもしれません。

だから、少し深呼吸をして冷静になって考えてみてください。自説の正しさを守ろうとする自分がいると思いますが、事実は別のところにある場合があるのです。

## 本質に気がつくと世の中の動きが見えてくる

ここまで、動機の大切さやメンタル面と器の話、マネジメントの話、そして皆さんがいかにマインドコントロールされてしまっているのかの話をしてきましたが、もちろんそれだけでうまくいくほど人生は甘くありません。

見る目を養っていければ、こういうこともできます。二〇一七年のアメリカ大統領選挙の際のお話です。

私的な政治経済ブログなどでも書いてはいますが、当時、兄弟はトランプ大統領勝利を予測し、その後の株式市場の動きも、おおよそ予測していました。

そして、通信を受け取っていた人たちからは、「おかげで資産を守れました」とか、「助かりました」という声が多々上がりました。

政治情勢を見て、どういう影響があるのかを判断し、行動する。この実践次第で、例えば、株式相場も簡単ではありませんが、勝利できます。私たちは、大統領選当日の朝、クリントン優勢のような（印象操作的）報道で、日経が上昇する中、多くの皆さんとは逆の動きをしました。つまり、日経平均連動ＥＴＦ１５７０を空売りしたのです（リスクもあったため、空売りは少なめです）。

トランプ氏勝利で日経が大暴落する中、空売りした株を買い戻して大きく利益を出し、さらにみんながパニックで投売りしている中、じわーりと売られている株を買っていました。どうせ上がると思っていたからです。

さすがに、一瞬で数十円下げていく株を買うので、一気に大量には買っていません。じわりじわりです。どんな感じかというと、数分でマイナス十万円以上にどんどん損失が膨らみながら、じわじわ買っていました。

口で言うほど簡単じゃないです。投売りを買うのは大きな勇気が要ります。よほど信念と自負がなければ買えません。かなり怖いんですよ。数分後、上昇に転じ、一時間ほどで株価は元に戻り、大きな利益を得ました。

ただ一つ、我々の誤算は、売られた株価が一日で完全回復するまで買われ続けるとまで予想できず、全力で買う予定分まで買えなかったことでした。さすがに戻るまでは数日かかると思っていました。以下は、当時の我々の株式市場に対する読みでした。

1 トランプ氏が勝てば、メディアに下落を印象づけされた日本人たちのパニック売りで、一度大きく下落するが、その後、大きく上昇する。日経二万円超え
2 クリントン氏が勝てば、メディアに上昇を印象づけされた日本人たちの買いで、一時的に上昇するが、すぐ下げて、その後、大きく下落していく。日経一万四千円割れ

後者に関しては今は確かめようもありませんが、その後もロシアからの不正融資百五十億円の話がクリントン氏に出ていますし、おそらく我々の見立て通りだったのではないかと考えています。また前者の見立ては合っていました。当時から我々の政治ブログには載せています。

この騒動はトランプショックと言われ、大きな損失を出した投資家の方がかなり多くいたと思います。我々は投資をギャンブルとは思っていないので、競馬の穴党のように大儲けを狙ったわけではありません。二人で分析した自分たちの結論を信用しただけです。

## 人生で第一に努力すべきは見る目を養うこと

さて皆さんは、最も大切で、できるだけ早くから養う努力をしなければならない能力が何かわかりますか？　もうわかりますよね？　それは見る目です。見る目、感じ取る力を養う必要があります。

一般の方でももちろんですが、リーダーやマネージャーなら、これが備わっていなければ、個人の思いを汲み取ることもできず、問題の本質を見抜くこともできず、ぐだぐだな方針のもと、無駄なエネルギーを垂れ流してしまうことになります。判断ミスを犯していることに気がつかず、気づいたときには手遅れになっていることだってあります。

仕事だけではありません。プライベートでも、皆さんは多くの選択をし、気がつかない間に多くの判断をしています。「今日のお昼、何を食べようかな」とか、「誰と会おうかな」とか、「誘われたけど行こうかな」とか、「メールに返信しようかな」とか……。それらはすべて判断です。

ここで一回、皆さんの見る目、気づきを少し計ってみましょう。日本が立ち行くための条件って考えたことがありますか？（考えたことがないなら、どうして選挙などで政治判断ができるのでしょう？）

準備はいいですか？　考えた方から読み進みましょう。

日本は、食料自給ができない国なんです。なので最低限、国民が飢えないための食料を外国から輸入する必要があります。なら、その食料を買うだけのコストを国外から仕入れなければならない。つまり、輸出か、観光によって稼がないといけないわけです。輸出で利益を稼ぐためには、常に世界のトップレベルの商品力が要ります。これは教育レベルの維持以上に発展が必要です。

そして、もう一つあります。今、日本には一億人以上の人間がいて、一億人前提のマーケットになっています。この人数が減ると、マーケットが小さくなってしまうため、経済的に内需が回らなくなります。簡単に言うと、貧乏になります。だから、人数を維持しなければいけないんです。特に借金財政から税収減につながるため、国の経済信頼につながります。経済の信用が消えるとお金の信用が消え、日本円が紙切れになります。少子化が大問題になっている理由はこれです。

このことにすら考えが至っていないのに、選挙で投票している人は数多くいます。そうした人でも、今からでも遅くはありません。気がついたなら、人は変わっていけるからです。本書で、少しでも見識を増やしていただければ幸いです。

さて皆さん、いろんなことすべてを自分の意思で判断していると思っていますか？　きっと、多くの方は判断していると主張するでしょう。

しかし残念なことに、多くの人は誰かに誘導された他人の人生を歩んでしまっています。誰かによって植えつけられた倫理観、正義など、そういう植えつけられた印象に判断を左右されています。あるいは、そうした多くの経験が皆さんに制限となって判断に影響しています。

皆さんに最も影響しているのは、身近な自分の経験です。テレビっ子はよく観るテレビに影響されています。次に、最も自分が無意識に信用しているものや人に影響されています。

例えば、しばしばゴシップを掲載している新聞や雑誌に、米ロ開戦と書かれているとします。興味を引かれて見るかもしれませんが、話半分に見るほうが多いのではないでしょうか？　一方で、まったく同じ内容を産經新聞が掲載すればどうでしょう？　信憑性は大きく高まってしまいます。それは、ゴシップ紙よりも、産經新聞の信用度が、皆さんの経験上、高いからです。

学校の先生と、塾の先生が、まったく別のことを主張したとします。学校の先生を信用している人は、塾の先生の言うことより学校の先生の言うことを信じ、塾の先生を信用している人は、学校の先生の主張より塾の先生の言うことを聞くようになります。

皆さんは、何かしら判断していますが、自分が無意識に信じているものや人から、無条件に影響を受けて判断結果が変わるということです。

そして、多くの人が最も影響を受けやすいのが、目と耳から情報が勝手に流れてくるテレビメディアなんです。自分の意思とは無関係に、一方向的なベクトルが乗った情報が飛び込んできてしまうからです。

話が脱線してしまいましたが、皆さんが見る目を磨かないと、どんどん国が悪くなり、自分たちの生活が脅かされてしまうってこと、忘れないでくださいね。国の方針や行動は、そこに住む国民に大きな影響を与えてしまうのです。リーダーは特にこのことを理解し、自分の見る目を養い、メンバーたちの見る目を開かせてあげる必要もあるわけです。

いろんなところにサインが出ているわけで、それを敏感に見れるか、印象に左右されて見逃すかが、私どもと多くの方との違いです。

皆さんだって、頑張って練習すればできるようになるわけで、別に私たちが優れているとか言うつもりはまったくありません。自分磨きに、お金と時間、優先度をかけられるかどうかだけの違いです。

さて、見る目チェックをしてみましょう。

次に挙げている文章は、ある側面ではそうかもしれませんが、別の側面があるものばかりです。そのことに気がつかず、一様的にそうだと納得してしまう事象はいくつあるでしょうか？

多ければ多いほど、あなたは誰かの思惑や思い込みで印象づけられてしまっています。

✔CHECK

□女性は男性と比べて差別されてきた。
（男性だって差別されてますよね。混浴露天風呂、小学生のときの更衣室、女性積極的活用法案、年金の受け取り、盗難などに対する罰則が男性のほうが重いなど）

□日本は男性社会だ。
（生活面は女性社会ですよね？　小遣い制、親権や離婚調停で女性有利など）

□女性積極的活用でようやく日本は良い国になるはずだ。
（ただの不公平という声もありますよね）

□保育園待機児童を減らすために、保育士待遇改善や保育園を増やすことは良い結果になる。
（自走できませんよ。補助金という税金をずっと投入するために税金増やします？　保育士一人あたりの園児の人数増やします？　園児の月費用を増額します？）

□憲法九条を守ることが永遠の平和を守る手段だ。
（ずっと九条を守ってきましたけど、中国は尖閣諸島に迫り、北朝鮮は核で脅してきています。竹島は韓国に占領されたままです。日本がどれだけ平和を願っていても、相手次第で変わりますよね？）

□ヒラリー・クリントンのほうが、ドナルド・トランプより良い人だ。

（皆さん、報道で言われる以外の面を知っているんですか？　クリントン氏も中東やロシア、中国から大量の資金を受け取っている話が出ていますよね？）

□オバマ大統領は素晴らしいけど、トランプ大統領は悪人だ。

（気づいていない人が多いかもですが、オバマ氏たちの政策が、中東波乱を呼び、クリントン氏のシリア介入などで、ＩＳが大勢力になりましたよね？　医療保険費で財政を圧迫しましたし、世界同時株安で大不況になりそうでした。オバマ氏が素晴しいことばかりでも、トランプ氏が絶対悪でもないですよね？　どの側面から見るかによって、何が良いか変わりませんか？）

このようにいろんな側面があるのに、絶対善、絶対悪と思い込んでいる人が結構おられるのではないでしょうか？　物事には、一方向的な善とか正しさはありません。そのことに気がつかないから、みんな同じ側面だけを妄信して、本質を見ず、偏ったことを思い描いてしまっていることにすら気がつかないのです。

例えば、女子差別は確かに存在しますが、男子差別だって現実に、確かに存在しているのです。が、何に注目するかで、偏った情報になり、その偏った情報をもとに、偏った意識が生まれてしまいます。そして、女性だけが差別されてきたという著しく誤った理解が、日本社会にさまざまなマイナスを呼んでいる根幹になっていることに気づいている人も増えてきたかもしれません。

最近であれば、前に少し述べましたが、東京医大の入試に関する件が女性差別だという主張で取り沙汰されました。しかし、これを問題にするのであれば、女性積極活用法についても、同様に男性差別だと主張すべきだということがもうおわかりですよね？　男女を入れ替え、事実として同じことを強制的にコントロールしているのは同じだからです。そうでなければ、フェアじゃない。前者だけ差別だと言っている人が本当に多いのですが、これこそマスコミの偏向報道や誰かによってつくり出された空気感に流されているということです。

法曹界も良くありませんね。東京医大の入試問題では、百人以上の弁護団が裁判を起こしたのに、女性活用法では、誰一人として弁護士は裁判を起こしていない。おかしくありませんか？「結局、金になりそうかどうかで判断しているだけ？」と思えてくるのは私たちだけでしょうか？　これでは、良い社会になりようがありませんね。リーダーにはこうしたところにも気がついてほしいものです。もし、悩んだのであれば、近世ではなく、江戸以前の世の中でどう捉えられてどう考えていたのかを参考にしてみると、意外とうまくいくことがありますよ。新しいという響きは気分的には良くても、マイナスになっていくことも多いものです。

他にも、日本では憲法九条の問題が長らく存在します。いろんな主張があり、どれが正しいと主張するつもりはありません。しかし、九条を守ってさえいれば平和が守れるわけではありません。隣人が約束を破って攻め込んできたら、勝手に戦争になってしまいます。そうならない保証なんてどこにもありません。

ですから、「九条を守る＝絶対に平和」とは限らないのです。しかし、そう思い込んでしまっている人がかなり多い。これこそが植えつけられた印象の怖さです。

そう主張する人は、あなたがそれを保証してくれるんでしょうか？　誰がそれを保証してくれるんでしょうか？　しかし、盲目的にそう思い込んでしまっていると、そのことにすら気がつけなくなってしまいます。ちなみに、九条についてどう考えるのかは、人それぞれの主義主張があるので、ここでは述べません。

ただ、憲法九条論議がなされようとすると、突然降ってわいたように、政府や与党議員の根も葉もない疑惑や、醜聞、汚職などの話が出て、炎上騒ぎが起きます。それに乗っかる野党が国会を政治の場ではなく、ただの吊し上げの場にして、いつのまにか憲法改正の論議はなし崩し的に消失します。これが何十年も続いていますよね？

これに意図は感じませんか？　炎上で騒いでいる人の多くは、他人を叩いておけば、自分はまともだ、正しいんだ、間違っていないと正当化できる心理が働くからだと思います。

そして、炎上させれば、視聴率が上がった過去の「成功体験」から、マスコミは炎上騒ぎをすぐ仕かけるのです。炎上などに良い面は一つもありません。

例えば、二〇二〇年一月のイラン司令官殺害報道で、大げさに第三次世界大戦という不安心理を煽り、同年同月には、コロナウイルス拡散の不安心理によって、短期的な株価大暴落が外資の売り仕かけによってつくられ、個人投資家や企業に大きな損害を与えました。皆さんにだって、このマイナスは響いてくるのです。炎上に乗って得する日本国民は基本いません。

こうしたことに気がついてほしくて、あえて際どい問題を掲げてみました。

一つにでもチェックがついた人は、刷り込みされたものが強く、これからも印象操作されやすいと言えるかもしれませんね。そして、どうしてそうなってしまったのかということ、言葉遣いがあなたに与えている影響と簡単な自己防衛法、注意すべき文については前述した通りなので、ぜひそれらを参考にしていただき、気づきを少しでも高めていただければと思います。

## アンケートの結果はいとも簡単に操作される

「みんなこの意見に賛成なんだけど、君はどう思う？」と一文だけ追記して聞くとします。すると、みんなが賛成なら大丈夫だろうとか、少数派になりたくないという心理から賛同してしまう人が増えます。たったこの一文だけで、結果が変わってしまうのです。

これは「ワーディング」という心理効果です。日本ではこの手法が禁止されていません。テレビなどでアンケートが行われますが、このワーディング的手段が用いられていれば、そのアンケート結果に何の信憑性もないかもしれません。データというのは、いくらでもつくり手の意図で結果を変えることができてしまうという事実です。

他にも、選択できる幅を最初から絞り込んでおき、「一番近いものを選んでください」と書いておくとします。そうした場合、自分の本心の答えがないことは多々あり、自分の本心ではないけれど、近いものならこれかなと無難な選択肢を選ぶでしょう？　その一見無難に選んでしまいやすい選択肢を誘導したい結果に結びつけるような内容にしておけば、望み通りのアンケート結果ができ上がります。

例えば、会社などで「所長の話は理解できたか？」という選択肢と「理解できなかったか？」という選択肢を用意します。「論点が理解できたか？」「できなかったか？」であれば、よほどのことがない限り、「理解できた」にチェックを入れるでしょう。しかし、結果報告では、理解できたかどうかではなく、所長の話が支持されていたかどうかに変わっていたりします。女系天皇のアンケートでも、女性活用の賛否アンケートでも、かつてこの手法を用いたアンケートを見たことがあります。女系天皇に関しては、さらにひどく、「容認」と言う言葉を使って、過半数が賛成であるかのように偽装していました。表現を「容認」とすることで、実際には賛成していなくて、条件つき反対、無関心などの結果も全部まとめて「容認」と主張すれば、見た目として数が増えてしまい、集団心理が働きます。使っている言葉も悪辣で、「まだ議論しないのか」などと、そもそも議論する必要すら不敬で不要なことを「いずれ議論することが当然である」「議論すべきだ」という前提を刷り込んでいたりします。

アンケートなどというものが、いかに結果を操作する目的でつくられるもので、信用に値しないものであることを理解しなければなりません。

マスコミで報道されている内容で、「アンケート結果はこうなってます」「支持率○％」なんていう話が多々ありますが、周囲の雰囲気と比べ、違和感がありまくる理由は、こうした結果誘導をされてしまっているからではないでしょうか？　そうして、「あ、みんな実はこう思っているんだ」と思い込み、次第に空気感や同調圧力となっていくわけです。アンケート結果なんていかに信用できないものであるのかということがわかっていただけたでしょうか？

マスコミがあらゆる心理的手段を駆使して印象を操作し、結果を誘導していることがわかるでしょう。今の社会はメディアが力を持ちすぎていて、その価値観強制のため、多くの人が自分の人生を狂わされるといっても過言ではありません。主張したくないことについては報道しない自由を行使し、報道の自由と主張しながら「不適切な表現、不適切な内容」と、適切、不適切を自分たちの価値観で勝手に決めつけているのですから。

## 思想誘導される危険が最も高いのはドラマや映画

もっと顕著な例は、映画やドラマなどです。

映画やドラマは共感を呼ぶシーンが多々ありますので、共感した状態で印象を植えつけられてしまえば、誰かの思い描いた人生を誰かの都合で歩むことになるか、価値観の刷り込みによって、その後に打ち返しを身に受けることになるかもしれません。

日本が実際には女尊男卑的風潮が強いにもかかわらず、多くの人が〝男尊女卑〟だけだと思い込み、さらに女尊男卑化が進んでしまったのも、ドラマの影響が強いのではないかと思います。一九七〇年代以降のドラマは、奥様の不満にマッチングした内容が数多くあり、悪いのは男性であると刷り込まれてしまっているように思えるからです。ＮＨＫの朝の連ドラなどはまさにそうですし、最近報道されている「まだ結婚できない男子」という文言も、それを助長しています（気づかれた方はいますか？　ヒントは言葉の使い方です）。

そして、教科書も良くありません。日本の歴史の教科書は表面的にしか書かれていない上、思い込みが存在するため、実態は女尊男卑なのに男尊女卑一辺倒で記載されていたりします。

他の例もあげると、太平洋戦争は軍部が起こしたと思い込んでいる人も多々いると思いますが、実際には違っていて、誰一人として戦争をしたかった政府首脳、軍首脳はいないことがわかります。また軍部独裁にしても、ロンドン軍縮会議の結果をめぐって政党同士の政権争いに端を発し、新聞メディアが野党の肩を持った結果、政府が軍の制御権を失うという事態になっていって、空気感に流されて選択ミスをしたのは国民側という面もあります。しかし、それをまったくなかったことにして、すべてを一部の人の責任に転嫁し、自分たちは被害者だというポジションです。だから、何も学べていないのです。

この事実に気がつかなければなりません。しかし、ほとんどの人がそれを知らない。これこそが、印象の怖さです。

皆さんは、この手の印象を受けたとしても、それを真に受けず、「別の側面はないのか？」と常に考える癖を持ちましょう。また、「このシーンは何を言いたいんだ？」と気づける程度の知識と目を持つように心がけてください。

テレビだけではなく、現実の社会でも、印象に左右されて行動が変わってしまうことは多々あるはずです。そして、それは判断と選択を狂わせてしまうものです。まず、そのことに気がつくこと、印象に左右されないようにと思うことこそが第一歩になります。

見たいものだけを見ようとしたり、自分が信じたいものの証拠だけを集めたり、そうではない証拠を見ようとしないだけならまだしも、攻撃したり、操作的な見せ方をしてしまったりといったことだって、誰にでも起こり得るのです。

人は、自分が正義であると認識したら、どんなひどいことでも平気で実行してしまいます。正しさという概念を持つのではなく、個々の考えの調整という概念を持ちましょう。これとは別の考え方や視点だってあるかもしれないと思ってみてください。

## 日本人が大好きな平等は実際には存在しない

多くの人と話をしていて、「何が大事だと思う?」と聞くと、「平等」って返ってくることが多いです。平等ってすごく良い響きで、良いものという印象がありませんか? これ自体が教育のたまものかもしれませんけどね。

では、少し平等について考えてみましょう。結論から言うと、平等なんてありませんし、実現不可能です。試験ですら、平等ではありません。よく「男女平等」なんて言ったり、「機会の平等」なんて言ったりしますよね?

試験を例にすると、問題のつくり方や種別によって、男女で得意なところが異なるため、点数にばらつきが出てきます。性差を否定したい人がいますが、脳科学的に性差は証明されており、先天的能力と後天的能力についても証明されてきていますから、性差を無視しようとすることそのものが愚かなので、ここでは割愛します。

例えば、空間認識やひらめきを駆使する数学の問題を出すとします。これだと男子優遇になります。逆に、基本問題をたくさん出すとします。これだと記憶が大事になるので、女子優遇になります。もちろん、個で見ると個体差がありますから、群として見たときの話です。

また、会社でTOEICの点数を昇進に必要な条件にするとします。言語学は女性が得意な分野なため、女子優遇になります（性差の存在は脳科学で実証されています）。

同じ問題なのだから機会は平等だと言っても、平等でも何でもないことがわかりませんか？

東京医大も男子の比率を高めたければ、下駄ではなく、問題そのものを変えてバランスを取ればよかったのです。世間では、女子のほうが勉強ができるとか主張する人がいますが、それは違うんですよ。たまたま今の学習状況が女子に優位に働く状況になっているだけなんです。

男女平等なんて議論するだけ愚かです。そもそも違うのだから。違うから補完し合って助け合って生きてきたのに、無理やり同じにしようとするから、いがみ合うことになり、妬むことになる。例えば、兄が某大手企業に入社したとき、百三十人前後の配属人数に女子は十人もいない状況で、女性幹部三割とか強制されたら、ただの男性差別ですよね？　誰も喜ばない強制的価値観を法制化してしまったわけで、これで組織の納得性が損なわれたのです。

勉強だけではなく、少し頭の良い男性なら、女性活用法みたいな法の影響を受ける一部上場企業を避けはじめるでしょう。男性が劣遇されることがわかっていると謳っているのに、わざわざ身を捧げたくないでしょう？　今なら、新興のベンチャーにでも行くほうが自分の力を発揮できる気がしますよね。一部だと、逆にパワハラやセクハラなどの嫌がらせが増えるでしょうね。抑圧されたエネルギーはどこかはけ口を探すものですから。

少し脱線しましたが、平等なんてあり得ないってことはおわかりいただけましたか？　大事なのは、平等ではなくて、「公正さ」と全員の「納得性」なんです。リーダーは常に納得性を忘れてはいけません。誰が他人のために犠牲になりたいと思いますか？　誰かが主張する正しさのために、自分を犠牲にしますか？　そういうことなんです。

皆さんが、平等好きなのは、子どもの頃に植えつけられているからです。平等って良いことだと多くの人が思ってしまっています。そのため、ゲームのコンプリート的なことにだって頑張ってしまうのです。

平等思想信仰が日本に悪影響を及ぼしているもう一つの事例は、一票の格差についてです。これを問題視する意味ってどれだけありますか？　一票の格差がどれだけ国民の生活に関わります？　こんなことを問題視するから、議員の数は絶対に減らせないんです。

一票についての重みという考え方の平等もあれば、人口を問題にせず、県ごとに代議士一人というような価値観から考えた平等だってあるわけです。どうして前者だけが平等なんでしょう？　票の重さが問題視されているのだとしても、例えば五十票くらいの直接会ってみんなの顔がわかるレベルの票の取りやすさと、一万人を超えて顔を知らない人からの票を取る場合、一万が十万になっても、一万の票と十万の票を取るのって、本質的にほぼ同じ程度の難しさなんですよ。この問題を言って得しているのは、裁判を起こして儲かる人、つまり原告でも被告でもなく、弁護士だけ。国民は誰一人として、得はしないのです。

偏った見方からだけの平等信仰の完璧さのために、どれだけの金銭と時間を使っているのかということです。ゲームの世界の何かのコンプリートと本質的に同じ次元に見えてくるのは、私たちだけでしょうか？　それだけが素晴らしいことだと思い込んでしまっているから、わからなくなってしまっているのではないでしょうか？　リーダーがこうなると、非常に困るわけです。だから、第三者視点に立てることが大事になってきます。

## 第三者視点に立つことで考えはまとまる

弟は長く大手企業のお客様相手にソフトウェアのシステム導入までの仕事をしていましたが、お客さん、特にエンドユーザーと交渉などをするとき、事前にその場面をシミュレーションして臨んでいました。その際、相手側に立って自分を見ることもするため、相手の考えややってほしいことなどがわかってきます。そうすると案件で抜けていそうなことを逆提案できたり、突然の仕様変更がなくなったりもします。結果的に、自らを他者視し、成功に導きやすくしているものと思っています。

これは、ＮＬＰでは「ポジションチェンジ」と言います。

しばしば皆さん、客観視という言葉を使いますよね？　言葉狩りのような細かいことで申し訳ないのですが、客観なんて本当にあると思いますか？　客観なんていうのは、結局は普段の自分とは違うと自分が思い込んでいる、外から見ていると自分が想定している視点でしかないのです。結局は、主観なんです。「じゃあ、データは？」と言う方もおられるかもしれませんが、たくさんあるデータの中で、そのデータを選択している限り、主観で選んだデータでしかありません。また、データ編集だってある程度行われていますよね？

以前、女性積極活用法が成立してしまった際、ノルウェーでは失敗して企業収益が損なわれたという反論が出たけれど、その後、復活しているという記事が出ていました。しかし、実際には「法律の適応を逃れるために上場廃止措置を取り、女性活用法の適応外企業が増えて復活した」というのが事実であるにもかかわらず、この部分を使用した記事を見かけなかったのを思い出します。データもどこを使うのかで印象が変わってしまうということです。

ですので、まずどんな客観も、自分の主観と相手の主観の合意形成のもとの主観でしかないんだという事実を認識しましょう。結局は自分の想像力でしかないのです。

そこで、主観であろうと、普段の自分とは異なる目線で、何者かになり切って考えるということは、とてもいろいろなことに気づかせてくれるものなのです。客観という言葉は好きではないので、私たちは第一者、第二者、第三者視点と呼びます。第一は自分です。第二は直接関係する相手、第三は利害関係のない他者です。

これは、インドのマハトマ・ガンジーが英国を相手取って、インド独立を勝ち取る際に用いたとされるNLPのスキルです。想定する力は鍛えていないと厳しいかもしれませんが、書籍レベルでも、ある程度実用に耐え得ると判断し、掲載します。

このスキルは、問題解決について考えるためのものです。まず、問題があるとします。小さなものでも大きなものでも構いません。ガンジーの場合は、インドをどのようにして独立に導くか、英国と交渉するかでした。

なので、彼は、第一には自分とインド、第二には英国、第三には利害関係がないものとして、国連などの第三者を置きました。第一〜第三までを決めると、次は、場所を実際に決めます。そして、第一は今の自分から見て考え、次に第二に移動して第二の人になり切って、第一を眺めながら問題を論じ、次に第三に移動して第三の人になり切りながら、第一と第二の関係性を見てその問題を論じます。ポイントは、そのときどきで別人になり切ることです。

これは大きな話でしたが、第二に置くのは、嫌な上司や怒っている奥さん、旦那さん、子どもさん、ビジネスの相手などでも全然構いません。他人になり切ることで、囚われていた自分に何かしらヒントが得られ、考えがまとまっていくというスキルです。さほど難しくはありません。想像力が強ければ強いほど効果が上がると思います。

この節では、以下のことをぜひ覚えておきましょう。

★POINT

- 正しいと思っていることの負の側面を探る
- 問題を分割化する
- 他人の良い思考やパターンを取り込む
- 言葉に乗っている情報を読み取る
- さまざまな印象操作技法とその破り方を覚えておく
- 第三者視点を用いる

03

# 場の空気や雰囲気をつくる

## 良いリーダーは組織の空気感を大切にする

経営者でなくても、場の雰囲気をつくることはとても大切です。ましてや経営者やリーダーならなおのことです。雰囲気が悪くなってしまうと、人は動きづらいですよね？　良い雰囲気がいいに決まっています。

父、兄、弟ともに、上司になってからは、雰囲気づくりを大事にし、それがゆえに父の支店では一体感と最後の頑張りがあったと言います。

個々人のモチベーションの維持やパフォーマンス、お客さんからの印象、そして部下と一体となって同じ方向に進むことのためにも、人間関係を含め、環境づくりというのは非常に大きい部分を占めることがわかっていたからです。

具体的には、部下に仕事が楽しいかどうかを定期的に確認し、改善できるところは改善するように努めて、仕事がより楽しくできるように考えていました。これくらいは誰にでもできることです。

そして仕事では、必ずお客さんとのトラブルがつきものです。

父が銀行員だった当時のトラブルの中で、問題を大きくしようとする人、いわゆるその筋の人が絡んできた話を紹介しましたね。

再びこの例を持ち出しますが、複数人と対応する際は、こちらも複数人で対応し、威圧に屈せずに、でも、きちんと誠意を示すという難しい接客を行ったと述べていました。それでも、複数人でみんなが逃げずに対応できたのは、普段からの空気感がものを言っているのです。上司に信頼感や納得性がなかったり、不条理を感じている人が、どうしてこうした難しい接客に出てくれるでしょうか？

普段の会話では、特に気を許した相手とは、必要のないことやたわいのないことでも話し、理解を深めることが大切で、逆に接客時は必要のないことを言わず、言葉尻を取られないように注意する癖をつけておくことが重要です。

弟は、プロジェクトリーダー以上になって以降、当時、会議や定例会を開くときは、必ずメンバーより先に会議室へ行き、準備をしていました。

会議や定例会などは、特に忙しくなってくると、前線で働く人たちにとって、ときには煩わしくなってくるものですが、率先して実施し、そしてメンバーが来る前に準備をしていることで、無駄な会議にはならないようにしていました。

それを見たメンバーたちは、いつしか自発的に手伝うようになり、チームは一体となって助け合う風土が生まれました。

弟は一人のメンバーとして、プロジェクトに参加していたときに、その場でうんうん考え、うだうだと長くなるような会議に何回か参加し、辟易していた記憶があり、そうしたくないと思って改善したいと考えていました。

自分がされたくないことは、人にも回さない。そのためには、記録をつけ、自分ならどうしようと普段から考えておくことと、自分とは異なる立場に立つ訓練をしておくことです。NLPでは、これを「モデリング」と言います。相手に完全になり切るのですが、そこまでしなくても大丈夫です。

そう考えるだけで、見えてくるものも、その後のチームの空気感もまったく違ったものになります。ただし、それが独りよがりではいけません。

例えば、女性が差別されていたと思い込んで、今度は男性を差別するような行為や、かつて敵になった人を全員左遷し、能力がなくても味方だけを良いポジションに就けるなどの行為もときおり見かけますが、そうした独善的で自分だけの目線とは異なります。

大切なことは、先にも述べましたが、第三者視点の見地と公正さです。見た目の公平さは不要で、メンバーの真の納得性が大切なのです。

## 悪くなっている場の空気を良くする方法

ビジネスの話ばかりになりましたが、最後にプライベートでの実例もお話しましょう。

兄がバーに飲みに行ったときのことです。店のドアを開けたら、店内でママと客が言い争いをしていました。

店に連れてきてくれた友人たちが、兄に「何とかしてよ、NLPトレーナーでしょー」と無茶振りをしてきました。きわめて雰囲気が悪く、しかし、今さら店を変えるのも常連さんのため、微妙です。

そこで兄は、周りの人たちの年代を類推し、周囲を見渡してカラオケを使おうと考えました。ちょうど安全地帯を知っていそうな年代であると考え、『恋の予感』という曲をその感情に浸りながら、思いを声に乗せて歌いました。トレーナーはトレーニングによって、気持ちを声に乗せて人に届ける訓練をしています。

そうすると、郷愁を誘う曲調と兄の気持ちが場に作用し、懐かしくも昔の恋を思い出すような気持ちが共鳴し、いつしか喧嘩をしていた人たちも肩を組んで盛り上がっていました。

ここでは、「アンカリング」というNLPの技法を使っています。

アンカリングとは、ルーティンのようなものと認識されていますが、ルーティンだけではなく、応用範囲が広いものです。

兄が行ったのは、まずその場に居合わせた人たちの年代を推定し、その年代に流行し、かつ郷愁を誘いそうなバラード曲を選択して、それに気持ちを乗せて熱唱するということです。そして、その気持ちが全体に伝播し、感情が動かされたことによって、言い争いによって生じた嫌な気持ちを打ち消したのです。皆さんも少し工夫するだけで、こういうことができるようになります。

## コントロールでは良い空気感は生まれない

空気感を自分である程度つくれるということには、いろんな要素がありますが、それができるようになれば、楽しくなり、そこにいるメンバーが自発的にその場に貢献しようとしてくれるようにもなります。

多くの人は誤解しているのですが、リーダーは部下を管理しないといけないと考えていると思います。私たちに言わせれば、管理するリーダーは二流です。器にそぐわない地位で独善的なことをする三流のリーダーよりはよほどましなのですが……。

本当に優秀なリーダーは管理など、ほとんどしません。管理というのは相手をコントロールしようとしていますが、皆さんはコントロールされたいですか？　これが答えです。

メンバーが自発的に動きたいと思って動いてくれる。そういう空気と場をつくるリーダーが一流のリーダーです。

リーダーを個人に置き換えても同じです。人は相手をコントロールしようとしてしまいがちですが、そうであってはいけないのです。場の雰囲気を良くして、相手が動きたいと思える気持ちになってもらえる自分になることです。

前述した兄があるプロジェクトの会議に遅れて行ったときの話を思い出してください。兄が会議室に入った瞬間、先輩も上司も後輩も、全員が立ち上がって兄を迎え入れ、そしてあるメンバーが「西川さんが来てくれたから、もう大丈夫だ」と言ったという話をしました。この一言で確信できるのは、このプロジェクトはほとんど何もしなくても、勝手に成功していくだろうということです。

実際、兄が着任してすぐに、このプロジェクトは立ち直っています。こうした空気感一つで状況が変わることだってあるのです。

もちろん、それだけではありませんので、毎回それで一〇〇％うまくいくとは思わないでください ね。ただ、こういう空気感がある状態というのは、成功しやすい状態であるということは言えるのです。

この話は人間に限った話ではありません。NHKテレビの『地球ドラマチック』で、マンドリル（猿の仲間）の群れについての放送回がありました。マンドリルの群れは、ライオンの生態に近く、大きなオスの周囲に体格の小さなメスが集まる群れを形成します。

オス同士のボスをめぐる争いの中で、とても強くて、一旦はボスの座についたマンドリルのオスがいました。しかし、このオスは非常に乱暴で、メスは恐る恐る近づく始末で、メスに人気がありません。嫌がっているメスを強引に組み伏せるようなこともしています。

一方で、序列二位のオスは気立てがやさしく、メスにもとてもやさしいので、メスからの人気が絶大で、このオスがいるところにメスが寄ってきます。安心感があるのです。ですが、気が弱いので、一位のオスに圧力をかけられると退散してしまいます。

しかし、ある日、一位のオスと二位のオスの争いになったとき、メスたちが一斉に二位のオスに加勢するという事態が起き、多勢に無勢でさすがに一位のオスも二位だったオスに降参し、ボスが入れ替わったのです。普段の行動、空気感がボスの座を変えてしまったわけです。

この例は、非常に単純な社会の話であって、人間社会では、ただ単にやさしくすればいいわけではありません。

何度も言いますが、納得性も含め、器が要るのですが、特定の個体がつくり出した空気感がいかに大切なのかというのは、人の社会だけではなく、社会生活を営む動物にも共通することであることを教えてくれる事例だと考えたので、紹介させていただきました。

この節では、以下のことを覚えておいてください。

★ POINT

- 自分とは異なる立場に立つ訓練をする
- 一流のリーダーは管理をせず、自発的に動きたいと思ってもらう
- 良い雰囲気をつくれば、人は勝手に動く

04

# セルフコントロールする

## メンタルをリセットする方法を見つける

空気感の話をしましたが、その場に居合わせるすべての人は、あなた自身の影響を受けています。あなたも、その場に居合わせる人から何かしらの影響を受けます。ですので、自分自身のメンタルや感情をある程度コントロールできることは、空気感に与える影響を考えると、とても大切なことになります。

例えば、イライラしている上司と二人きりで打ち合わせなんて、したくない人がほとんどですよね？　沈んでいる人と一緒にいて、盛り上がれることもないわけです。

感情をコントロールすると言っても、ロボットのようになれと言っているわけではありません。喜怒哀楽はあって当然で、あってこそ人間らしいのです。問題なのはその一つの感情にずっと囚われることで、早期に切り替えて、その場にとって良い状態に戻ってこられることがとても大切になります。リセットする方法を一つでも構いませんから、持つようにしてほしいです。会社の出来事や嫌な出来事をずっと引きずるようでは、うまくいくものもいかなくなってしまいます。

父の話をしましょう。父は銀行の貸付という役柄で、若い頃は特に気を張り詰めていることが多かったため、仕事のストレスも溜まりやすい環境でした。借金に関わる話は、生々しいものですから。

しかし、家庭内で仕事のストレスを見せたことはほとんどありません。仕事でのストレスをプライベートに持ち込まないことが自然とできたら、素晴しいでしょう？

多くの場合、仕事で問題などがあったら、多かれ少なかれプライベートにも影響することが多いんです。

父の場合は、家の玄関のドアを開け閉めすることで心と体をリセットするようにしていました。これは、長年の習慣で身につけたことで、後でそれがＮＬＰで言うところの「アンカリング」という手段であったことを知るのですが、それによってメンタルコントロールができていました。

ただし、会社を出る前にメモをしておかないと、次の日に出社したとき、きれいさっぱり忘れてしまっているため、思い出せなくなります。が、逆に仕事のときだけ集中すればいいので、たとえ上司や顧客から無理難題を言われることなどがあっても、いろいろ考えて何も解決策が見つからなかったら、最後には「何とかなるさ」と楽観的になれたことも多かったのかもしれないと父は言います。「人事を尽くして天命を待つ」という故事もありますが、まさにそのような感覚になれたわけです。

もちろん、人によってこの方法が最適なのかどうかはわかりませんが、こうした方法もあるわけです。家庭内にまで仕事のストレスを持ち込むと、ずっと問題を抱え込んでしまい、メンタルがリフレッシュできないため、どんどん膨れ上がって、果てに不幸な結果になるということも多いように思います。

今、残業時間などが問題になっていますが、父の時代はもっとひどく、土曜はそもそも休みではなく、どの企業も今の基準であれば、ブラック企業と言われると思いますので、こうした方法は今の疲れ果てた人にもきっと有効であると思います。簡単です。ある特定の場所で常に〝忘れる〟ということをしてみるだけです。できれば、別のオフの楽しみを考える癖をつけるとなお効果的です。

信号機の青信号が点滅したら、皆さんの体は勝手に動くと思います。これは、青信号の点滅を見ることで起きる体やメンタルの行動をいつもいつも繰り返しているうちに、点滅自体に意味づけがなされ、オートマティックに体が動くからです。これが「アンカリング」です。

ちなみに、ルーティンの名で有名になっているものも、実はアンカリングの一種です。ただ単なるルーティンに強い感情を込めると、より状態変化が強化できるので、ルーティンと呼ばれる方法も、このようにしてもっと強化することができます。

兄や弟も、これに類した方法でメンタルをリセットします。メンタルに関わる仕事をしていると、人の大きな負の感情を受け容れなければならない場合もあり、ものすごく気を使うことばかりで、疲弊するときもあるからです。

こうした感覚はスペインでいう「ケセラセラ」という感覚に似ているのですが、思い詰めてもどうにもならないことはあるので、そんなときは考えても仕方ないと割り切りましょう。肩の力を抜いてなるようになるということも、ときには必要なのです。

昨今、心が壊れるまで頑張ってしまい、不幸なことになってしまう方がいますが、最後は自分で守るしかないのだから、頑張った後は忘れたり考えないということも大事なのではないでしょうか?

さて、このような大きな重い話ではなくとも、日常的にイライラは存在しますよね。こうしたイライラを少しずつ溜めるだけでも、メンタル的には損なわけです。

例えば、東京駅などの大きな駅では人の往来が多い中、残念ながら人にぶつかっても謝罪しない人や迷惑行為をするような人に会うことがあります。最近は少し増えているように思えます。そんなとき、一瞬イライラするし、それをそのまま思い出すとふつふつとそのときの感情がよみがえってきますよね？

そんなことに出くわしたら、例えば、弟はその光景を切り取って小さくしたり、モノクロの映像として記憶したりして、イライラを後に引きずらないようにしています。光景をそのまま思い出すといつまでもイライラが続いてしまうため、白黒にしたり、小さくしたりしてしまうのです。そうすると、とてもどうでもいいことのように思えます。

これも非常に簡単な方法ですよね？　きっと誰でもできるスキルだと思います。皆さんは知らないだけです。

こうしたことが大切な理由は、感情のコントロールをして、物事を引きずることなくフラットな状態で常にいられるようにしたほうが、心と体のために良いからです。これは、「サブモダリティチェンジ」というＮＬＰのスキルです。

ただし、注意があります。ＮＬＰに限らず、こうしたスキルはたくさんあると思いますが、こういう状況で応用するものと考えましょう。スキルそのものに意味はありません。意味づけしているのは、あなた自身なのです。

## スキルはメンタルの回復のために使う

スキルだけを表面的に学んでしまった人で、これはこういうものだという決めつけ的なラベル化をしてしまったり、自分の考えだけを肯定するためにＮＬＰのスキルを使ってしまう兆候を持つ人は多々おられます。あるＮＬＰトレーナーの方でも、自分の都合以外のことを言う人を全否定したり、またある人は他社や他のトレーナーを否定することで、自分を肯定していたりします。

仮に、自らの行動を指摘されようものなら、恨みを持ったりする方も、表面的に学ばれてしまった方で、ときおり見かけますので、注意してください。

メンタルの回復のために、いろいろなスキルを使うことはあっても、自分に不都合な真実を受け容れずに忘れてしまおうとしたり、なかったことにしようとすることに使用し続けると、とても身勝手で、一方的な人間になりかねません。自分の思い通りにいかなければ、相手を攻撃したり、自分の思いと異なる人をすべて攻撃したりといったことにはならないようにしましょう。スキルが、あなたを不幸にしかねません。そうなってしまった人からは、人はどんどんと離れていってしまいます。

ですので、自分自身のメンタルや感情の状態をしっかり把握し、自分自身をうまくコントロールするために、スキルを使う練習をしましょう。

プロ野球巨人軍に入団した当時の松井秀喜選手は、「自分で理解しないうちは、人から意見を言われても実践しなかった」と言います。成功者の格言ですね。あやふやな見識で、テクニックやスキルに頼ろうとすると、逆効果ということがわかっていたのでしょう。この考えは分野が違えども、まったく同じことが言えると思います。

話し方、断り方、○○の仕方……などは全部テクニックでしかありません。道具は使う人次第。道具自体にもともと意味はありません。

この節では、以下のことを皆さんなりに応用してみてください。

★POINT

・イライラをリセットする方法を身につける
・スキルは道具だということを理解して上手に使う

05

# 深いコミュニケーションを取る

## テクニックのコミュニケーションではダメ

メンタルと器に関わってくるのが、コミュニケーション、そして言葉です。言葉に出すことで、脳がリアルに、そして無意識に影響を受けます。頭で考え、耳で聞き、自分で言葉にする。つまり五感を使いまくるからです。ですので、表面的なコミュニケーションを取っている人は、そうした影響を自分自身にも、自分の周りの人にも与えてしまいます。

コミュニケーションには二種類あると最初に述べました。目的や意図があって行うコミュニケーションと、楽しむ意味だけで内容を問わないコミュニケーションでしたね?

多くの人は勘違いしています。聞き上手とか、話し上手とか、説明上手とか、共感が大事とか、いろんなところでいろんな人が書いています。どれも間違ってはいませんが、どれも結局はテクニック的な話になってしまっているのです。

前述した通り、テクニック、つまりスキル自体には意味がありません。道具なのです。それらはすべて使う側の人間次第で意味が変わってきます。もちろん、聞き上手であるに越したことはありませんし、話し上手のほうがいいでしょう。しかし、それだけでは不十分なんです。

我々のセミナーに来られる方で、よくこういう方をお見かけします。とにかく自分の楽しかった話をします。しかし、相手は辟易しているので、少しずつ黙ってしまいます。そして、相手の反応が悪いと、笑いを誘ったり、無理やり盛り上げようとします。お互いしんどいはずです。とても話す能力があるので、相手が盛り上がっていないことを悟ると、余計に必死に話し続けます。そして、余計に相手はしらけていきます。

また、こんな人もいます。相手が何かについて自分の考えを言うと、「でも」「だけど」と常に否定接続を使って返している方です。「でも」や「だけど」などは、相手の主張を否定して、自分の主張を言うための接続詞なので、無意識にこの言葉を多用している人は、本人は気づかずに、とても身勝手なコミュニケーションを取っていることになります。

これだと、相手はしんどくなってきます。すべて否定されて、主張が上書きされていくからです。しかし、当の本人はとにかく話は出てきて、会話だけはどんどん続くので、自分のコミュニケーションは大丈夫だと思っています。

さらに、こんな人もいます。自分の意思や気持ちを示すのではなく、何か別のことの理由をつけて、やんわりと拒絶しようとする人です。これは、自分の責任を回避しようとしていることになります。相手を傷つけないようにではなく、自分は悪くないんだと思いたいがために、自分本位のコミュニケーションになっています。こういう人は、自分に都合のいいときだけ、突然お願いをし、普段は返事を返さないなどの行動を取るかもしれません。

気がつきましたか？　これらは、すべて相手を自分の思い通りにコントロールしようとしているのです。もちろん、他にも例は多々あります。泣いたり、脅したり、圧力をかけたり……も全部同じで、すべて相手を自分の思い通りに動かそうとコントロールする行為なのです。

何度も質問しますが、あなたは誰か他人にコントロールされたいですか？

他人にコントロールされたい人なんて、ほとんどいないでしょう？　たとえ相手を思い通りにコントロールできたとしても、いずれ相手に不快感を与えることになるのです。

こうしたコミュニケーションを取っているようでは、目先はうまくいっていたとしても、つながりは表面的になるかもしれませんし、よほどあなたのことを思ってくれる周囲がいない限りは、自ら不幸を呼び込むかもしれませんよ。そうならないためにも、次の四点に気を配ってください。そうすれば、大きなトラブルは避けられると思います。

・本音で話ができる間柄になれそうな人と付き合う努力を普段からする
・気持ちの面を理由として話すようにする

・何か別の理由にして自分を守るのではなく、自分の責任で判断する
・目的の一致点を探そうとし、調整しようとする意思を持つ

## 合わない相手とは部分的な目的の一致に努める

楽しむだけのコミュニケーションでは何も考えていないと思いますし、共感、話し上手、聞き上手の組み合わせだけで十分楽しめると思います。

しかし、少しでも意図が入っている目的を持ったコミュニケーションの場合は、自分本位、自分都合のコミュニケーションになりがちで、これだと自分と合致していないときは対人トラブルを招きます。自分にとって迷惑な相手の行動、相手の言動は、自分の行いや言動が引き起こしたものと思ってください。

また、自分の期待通りに相手を行動させようとして接すると、相手から恨みを買うこともあります。このワーストケースがストーカーです。ストーカーは、もちろん加害者に問題があるのですが、被害者のコミュニケーションがまったく問題にされずに見逃されていることも多いように思えます。

日本には残念なことに、表面的なコミュニケーションの本が溢れ返っており、その多くが自

分の都合で相手をコントロールしようとしたりする前提に立っています。そのため、多くの人が相手をコントロールしようとしてしまっていることに気づけません。

教育で良質なコミュニケーションを学ぶ機会がまったくなく、ちまたにある表面的なテクニックなどを取り入れて、それでできていると勘違いしてしまう人がどうしても多くなってしまうのです。

こういうコミュニケーションをしていると、相手が期待通りに動いてくれると想定しているため、自分の想定した通りに相手が動かなければ、怖くなったり腹が立ったりしてしまうのです。警察や弁護士も良くないですね。一方の迷惑という結果のみを問題視してしまっているので、これでは本質的な問題は解決しません。

こういう場合は、自分自身のコミュニケーションのまずさが相手をストーカーにしていることもあるのに、そこには目がいきません。

自分の最終目的と一〇〇％一致はしなくても、どこまでなら一致できるかという調整する気持ちと、相手の気持ちをある程度尊重する気持ちがなければなりません。「調整する気持ち」と「部分的な目的の一致」。これがあれば、対人トラブルなどほとんど起こりません。

大切なことは、コミュニケーションを取っている相手、関わろうとしてきた相手と自分の目的が一致していない場合に、部分的にでも一致するところを見つけるかつくるようにして、気持ちの調整を行うことです。一方的にすべて自分の思い通りにしようとすることは、対人トラブルの開始を意味します。

例えば、ストーカーが生じるケースでは、初めの段階でやんわりと断ったり、スルーしたり、無視することは得策ではありません。相手の目的があなたと関わることであるため、あなたの期待通りの結果になることはあり得ません。どこまでOKなのか、調整するほうが得策です。

脳科学者の中野信子氏は、NHKの歴史番組でこう主張されていました。

「日本人の四人に一人は、サイコパスになる素養がある。しかし、幼年時に親から社会的なしつけを受け、それを理解することで、サイコパス的要素を出さずに済む」

しかし今の社会は、一対多の保育園マター教育が当たり前化され、社会的教育というものが減ってしまっていると言えるでしょう。そのため、ストーカーだとか、身勝手な煽り運転だとか、そうした現象がやはり増えてしまっています。だからこそ、一方的なコミュニケーションをする癖をつけてしまってはより危ないわけです。

残念ながら、多くの場合、日本ではコミュニケーションや男女の違いをしっかり学ぶ機会はありません。男女は同じだと言い聞かせられるケースも多々あり、幼年時からの皆さん自身の経験から、自分のパターンがつくられてしまいます。

意図や目的があるコミュニケーションにおいて、大切なのは目的の（部分）一致と、調整する気持ちということをぜひ覚えておいてください。これだけでも対人トラブルはぐんと減ると思います。もちろん、相手の目的がどのあたりにあるのか、観察しないといけませんので、やはり見る目や感じ取る能力がとても大切なのは言うまでもありません。

## 身勝手コミュニケーションが生み出す歪み

泣いたり、無視したりして、周囲が合わせてあげたり、助けてあげたりして、自分の思い通りに行ってしまった経験が積み重なると、それがその人にとっての成功パターンになってしまいます。

困ったときに女性が泣くことが多いのは、泣いたら助けてくれる成功体験があるからとも言われています。幼い頃から守られ続けて成長すると、こういうコミュニケーションが成立してしまうということです。

昨今のあおり運転、割り込み逆切れ男性の増加も、幼年期からの身勝手コミュニケーションの成果です。自分だけ悪くない症候群の男女や、若年女性を中心に増加し続けている非定型うつという、指摘されたところだけうつで、私生活その他は楽しんでいるという非常に身勝手に見えるうつも、身勝手コミュニケーションの成果だと考えると説明がつきます。

やってもらって当たり前、聞いてもらって当たり前、困ったら自分で解決せず、何かを後ろ盾に守ってもらって当たり前、全部何かのせいにしよう……。そのような前提で、良いコミュニケーションを取れることなどありません。

こうした人は、すぐ怒りがわいてくると思います。そして、こうしたレベルの怒りは、とても身勝手な感情です。相手に期待したことがその通りにいかなかったことで、相手に怒っているからです。

「関わらないでと言ったのに……」「メール送らないでと言ったのに……」「関わろうとしたら○○に相談します」「察してほしいのに、どうして察してくれないの？」

「スピード出したいのに道ふさぎやがって！」「遅いから追い抜いたのに煽りやがって！」「危ない入り方でイライラして煽ったら煽り返された……。私は悪くない……」「俺が早く走りたいのに邪魔だから無理やり入ったんだ。何煽ってきてるんだ？」

「これだけあほ馬鹿言ってるのに、あの組織は動かない、なんでだ？」

どれもこれも全部、自分本位です。「そりゃトラブルだらけの世の中になるよ」と言いたくなるわけです。

あるトレーナー（女性）の話をしましょう。彼女は、自分の主張とは異なるものを見つけたら否定し、自分の主張よりその主張が良いものであれば、「私、最初からそう思っていたのよ」

と主張します。飲みに行けば、やたらと他の団体や他のトレーナーのどこができていないかを批判し、あたかも自分はそれらすべてができているように振舞っていました。

自分が参加したセミナーが自分の思い描いていなかったものだったときには、こんなことを学びに来たのではないと泣き出し、海外のセミナーに行くときには、強引に周囲を巻き込み、英語もできない人を連れて行った挙句に放置する。会話をすると良くない影響を受けるので、少し避けていると、人の会話に強引に入ってくる。

こう書くと、「なんて迷惑な人」と思われるでしょうが、本人は気づいていません。

実はこういうトレーナーも身近に意外と数多くおられます。

彼女は、いろんなテクニックが使えて、技術もたくさん持っているので、自分を否定するような現実をすべて自分の技術で消去してしまっているのです。このように、心理スキルやコミュニケーションスキルを下手に使うと、すごく迷惑な人になります。

ですから、技術の前にメンタルが大切なんです。心理やコミュニケーションをたくさん学んだはずの人ですら、そうなる可能性があるということです。いかに自分自身を否定することを受け容れることが大切で、そして、それがいかにしんどいことなのかがおわかりいただけるかと思います。

大切なのは、自己を否定する事実があるなら、それをなかったことにするのではなく、しっかり受け容れられるようになることなんです。自己肯定ばかりだから、身勝手コミュニケーションになってしまうのです。

## 失敗を消すのではなく受け止めることが大事

消防隊の実験の話を思い出してください。一隊は成功したパターンだけを見続け、一隊は失敗した事例ばかりを見て学ぶというもので、失敗事例から学んだ隊のほうが成果が大きかったですね？

人は失敗から学ぶことのほうが多いということを忘れてはいけません。特に、他人の失敗であれば、冷静に見て自分に取り入れることができますよね？　大事なことは、自分の失敗から学べるかどうかということなんです。

多くの人は、自分の失敗を直視できず、なかったことにしてしまいがちです。そして、自分に都合のいいお花畑の夢を見がちです。しかし、こうした状態では、もしやり方を変えたとしても、同じレベルの間違いを繰り返すことが多いです。実際には前進していません。「失敗を失敗として捉えるな」とはよく言われますが、なかったことにするのではありません。失敗を受け止めて、それに囚われず改善していくということです。

これ、口で言うのは簡単ですが、意外としんどいんですよ。

私たちのクライアントの方で、認定講座を受講された方は、後半になると、大きく差が出てきます。その差は、自己否定を受け容れられるかどうかです。

ある方は、見ていて「伸び悩んでいるなぁ」と思っていました。考え方について、少し指摘させていただくと、「私には何十年もやってきた経験や原則がある！」と強く主張され、聞き入れようとしません。この方、伸びると思いますか？　理解が深まっていくと思いますか？

皆さんは、何か思いをもって本書を手に取られているはずです。この方も弊社のＮＬＰ講座を受講する決断を下したのは、何か問題があったり目的があって、自分が変わりたいと思ったからです。

その問題って、どうして問題なのでしょうか？　これまでの自分自身の考え方や原理原則が問題にしてしまっているだけなのです。囚われていて動けなくなっている。だから、「自分が変わるしかないんでしょ？」ということです。

こうしたことをお伝えすると、少しずつ変わっていくのを見ることができます。文章だけではわかりづらいかもしれませんが、講座に来られている場合、周囲が明らかに変わってきているのに、自分だけ置いてけぼりになってしまう恐怖感や焦燥感も影響するので、より努力しやすいわけです。

人は自分の成功体験の繰り返しで、自分自身のパターンをつくっていきます。

例えば、泣いたり、無視したり、誰かに甘えれば、誰かが助けてくれるということを、子どもの頃から続けていれば、自分に都合のいい身勝手なコミュニケーションパターンになりがちです。自分の影響で自分のコミュニケーションがあり、逆に、自分が話す言葉が自分に影響を与えているのです。

自分のコミュニケーションパターンを変えるだけでも、少し目線を変えることができます。それには、まず「言葉の持つ前提」の影響力に気がつくことが大切です。

## 相手の言葉から意図する前提を読み解く

さて、前項まででコミュニケーションの大切さ、いかに多くの人が相手をコントロールしようとして、正義の押しつけ合いをしたり、自分からトラブルや困難を招いているのかがわかってきたと思います。

すでにおわかりのように、コミュニケーションで本当に大切なことは、調整しようという気持ちを持つことですが、いくら自分がその気持ちを持っていたとしても、相手がそう思っていなければ、取りつくしまもありません。その場合、まったく時間の無駄になります。ですので、言葉からある程度、相手の前提を読み解くことも大切になります。

これは決めつけではなく、「こういう感じの前提を持っているな」程度のものです。一〇〇%の決めつけはいけません。その理由を先に書きます。

「学校」と聞いて、皆さんが連想するものを十個挙げてください。

次に挙げたものは、ある主婦の方の例です。自分が十個挙げるとして、共通するものがありますか？　きっと少ないと思います。ここにあるのは、この主婦の方にとっての「学校」の意味なんです。同様に、皆さんが挙げる十個が、皆さんの「学校」という単語の意味です。

体育座り　徒競走　短パンとブルマ　夏休みの宿題　笛　水泳　なわとび　かくれんぼ
ドッジボール　あやとり

ここに挙げた十個と異なる言葉を連想した人は、学校と聞いて違うことを思い浮かべています。仲良しであっても、兄弟、家族であっても、全然違う連想をします。もし三人いると、三人全員に共通するものは、我々のセミナーでの統計ではほぼゼロで、多くても三つか四つまでになります。学校という非常に単純明快な言葉ですら、意味づけが違うんです。

それゆえ、たとえ相手の言葉から何かの前提を読み取ったとしても、それは一〇〇%の一致はしません。なので、「だいたいこんな感じだろうか？」と曖昧なまま考えることになります。少し違和感を覚えるかもしれませんが、一〇〇%伝わる、読み取れるなんてことはあり得ないと思ってください。

このことを念頭において、言葉に秘められた前提を読み解く練習をしてみましょう。

実は、注目するワード、言語モデルがあります。すべては紹介しきれませんが、代表的なものを紹介しますので、少しでもヒントにしていただければ幸いです。

## ▼「しかし」「でも」「けれども」などの逆説の接続詞

「しかし」や「でも」などは、相手の主張を否定して、自分の主張をするための言葉です。これは非常に強い言葉になります。

話をしていると、やたらと「でも」「でも」と、「でも」を繰り返す人っていませんか？

実は、「しかし」や「でも」を多用する人は、自分の主張ばかり繰り返す傾向が強いとわかります。人の主張を受け容れず、自分の正しさを伝えようとしている言葉を多用しているからです。気がつかないうちに、そういうメンタルになっているのです。こうした人とコミュニケーションを取っていくのはしんどくなってきますよね？

## ▼「みんな」「常識では」「一般に」などの決めつけワード

これらのワードは、実は大きな決めつけワードになります。自分にとっての常識を語るとき、説得力を高めるために無意識的に使ってしまう言葉ですが、自分とは異なる常識を持っている人もいることを、もしかしたら考慮できていないケースもあります。

わかって使っているのか、それとも無意識的に自分の常識が正義なんだと伝えたいから出てくるのか、見極める必要があります。

「みんなって具体的に誰？」「どの程度の人がそう思っているのか把握しているの？」「あなたの常識はわかったけれど、それは本当に全員にとって常識なの？」とか、突っ込みどころ満載の言葉なのです。このワードを発見すれば、その人の常識や前提が読み解けます。

## ▼部分省略決めつけワード

「〜（価値観）が求められていますが」「〜（価値観）が推進されていますが」「〜（価値観）が望まれていますが」などの「価値観＋動詞＋が」といった決めつけ洗脳ワードというものがあります。

これも簡単です。「価値観」部分を主張し、それが当たり前だと言っているのです。「それ、誰が決めたの？」「私は違うけど」など、こちらも突っ込みどころ満載ですが、何も考えていないとさらっと心に入ってきて、洗脳されてしまうワードです。

### ▼巧みな質問術で答えを誘導させられてしまうワーディング

例えばです。「私のこと、どう思う？」って質問するとします。そうすると、長所も短所も踏まえた問いになっているため、プラスの答えがくるとは限らないですよね？

しかし、「私の良いところってどこだと思う？」という聞き方をすれば、話の方向性は限定されて、長所のプラス面に限定されます。

このように前提誘導によって、会話の方向性が決められているのです。この技を無意識に使っている相手は厄介です。テレビや何かのアンケートがいかに信用できないのかということにもなります。

アンケートでは、前提条件を入れて「ＮＯ」と言いにくい状態にしてから、問いかけをしているケースがあります。最もわかりやすい例で言えば、「みんな、この意見に賛成なんだけど、あなたはどう思う？」というものです。そうすると、「みんなが賛成なら大丈夫だろう」とか、「少数派になりたくない」という心理から賛同してしまう可能性が高くなるのです。

ある株式を買っている方々が、その株の掲示板を見るとしましょう。あなたも買っていて、「なかなか上がらないなぁ」という気分で次の二つの文章を見てみてください。

1 超絶材料が出ない限り買残が多すぎて上がらないよ。現物で二年くらい待てる人以外は他に行ったほうがいい。
2 買ってもすぐ売る人がいるから上がらない。一気に上げないと難しいな。

すると、二つ目のコメントはかなり支持され、最初のコメントはほとんど支持されません。理由は、プロでもない限り、多くの人は株を買っています。なので、自分の買ったその株が上がってくれることを望んでいます。上がってほしいので、その目線で書かれたコメントである二つ目が支持されます。

実は一つ目のコメントは、なかなか上がらないから、「こんなところ売って、他に行けよ」、つまり「売ってしまえ」と売り煽っている意図が入っています。こういうコメントを書く人は、自分は空売りしていて、株価が下がると嬉しいとか、できるだけ安く買いたいと思っている可能性があります。そして、株が上がってほしいと思っている人にとって、そうしたマイナスの意図は支持されないわけです。

人は自分の望む通りの結果を期待するため、自分の期待値にとって少しでも都合のいい未来に結びつくものを支持してしまうものなのです。

この二つの文章は、実は同じことを言っているのに、書き手の前提が異なるため、受ける印象が違うのです。人が印象に判断を操作されてしまう実例です。

他にも、例えば、メディアの執拗な報道でトランプ氏をみんなが嫌いという前提をつくられているとします。その後、「トランプ氏不支持か？」と聞かれると、不支持と回答する人が増えます。本心では支持していても、支持と回答しにくいからです。二〇一六年のアメリカ大統領選挙時のアンケートが信用できなかった理由の一つがこうしたことです。

支持率なんてものも、どういうアンケートを取っているのかわかったものじゃないのですが、その印象だけで人は判断が歪められてしまいます。ですので、言葉に秘められた前提について、ある程度読み解かなければ、誰かの誘導にすぐ引っかかってしまうことになります。

私たちは、日本のニュースやドラマを観ていると、こうした前提誘導的な発言が多すぎて、辟易することがあります。日常的なコミュニケーションでも、それは同様です。

## 相手の前提を見つける方法は他にもある

メール一つ見ても、その人の持っている前提がわかるケースが多々あります。先に挙げたワードに注目するのはもちろん、それ以外でも注目していればわかることが多々あります。自分の心の内側が言葉に出るので、自分がどんな言葉を発しているのかにも注意が必要です。

相手や自分の言葉に対して、この人はどういう前提があるから、この言葉が出てくるんだなと考えながら聞いてみることです。

それでは、いくつかの実例を見ていきましょう。

### ▲例1▼　調子のいい依頼メール

このメールは、普段こちらからメールをしても基本的にスルーや無視しているのに、一年くらいぶりに来たメールだと思ってみてください。

「お久しぶりです。突然ですが、私、韓国旅行に行こうとしているのですが、北朝鮮問題でアメリカと戦争が始まるとか報道されていて不安です。でも、全額振り込んでしまっていて返ってきません。同じ会社の何も知らない後輩が困っていると思って、見解を教えていただけませんか？」


これを見て、いくつかの前提に気がつきますか？

まず、この人は「返事をもらえないかもしれない」という不安を持っています。でなければ、わざわざ「同じ会社の〜」などと書きませんよね？　また、普段コミュニケーションを取っていない上、自分は返事を返していないのに、自分の都合で困ったときだけ連絡して頼ろうとしているのです。また、「同じ会社だった人＝仲間」という前提を持っています。でも、恨みを残して会社を去っている人もいますので、この前提が受け手に通じるかどうかはわかりません。

### ▲例2▼　飲み会の誘いに対する断り

飲み会の誘いに対して、こういう返事が返ってきたとします。

「行きたいのですが、仕事が忙しくて今回は無理です。行けそうなら当日行かせていただくという形でお願いできますか？」

このメールで読み取れる前提は、誘った相手と時間を共有することよりも仕事を優先しても非礼ではないという前提です。

しかし、相手と過ごす時間より、目先の仕事を優先するって、よくよく考えると失礼な話ですよね？　恋人からの連絡だったら？　憧れの存在からの連絡だったら？　どうにかして調整することでしょう。目先の仕事であれば、予めわかっていて、本当に行きたいなら、行かなければならないなら、どうとでも調整できるものです。上司に何を言われようと、仕事を変える自由だってあるのです。自分にとって何を優先するべきなのかですよね？

そんなわけで、仕事を理由にしてくる人は、あなたより自分の目先の仕事を優先しているということです。あるいは、今回は気乗りがしないのかもしれません。

逆に言えば、断る際、こういう理由づけはしないほうがいいです。理由づけというのは、往々にして、自分のメンタルを守るためにしていることが多いです。断ると悪いと思っている中で、自分は悪くないと思うためです。

どうしても理由づけするのであれば、「今回はこっちを優先しようと思います」とか、「気分がすぐれない」と気分を話すことです。大事に思っている相手ならば、相手の感情が大切なので、気持ちが乗っていない相手を誘うことはありません。気持ちを話して怒り出すような人がいるならば、その人は相手の気持ちを尊重しないという証拠になりますので、付き合う価値はありません。こういうときに、いろいろなことがわかるのです。

### ▲例3▼　連絡に対して無視、スルー

これは、挨拶をして無視しているのと同じです。が、最近、メールやラインなどで既読スルーする人も増えています。

無視やスルーは、相手に対する敬意を欠く行為なので、こうしたことを平気でする人には、身勝手な性格を持っている可能性を感じましょう。また、無視やスルーを続けていたら、自分の思いを相手が汲んでくれると思い込んでいる可能性もあります。無視やスルーをすることで、相手が自分の思い通りの反応をするはずであると考えているわけです。

つまり、無視やスルーで相手をコントロールしようとしているのです。それまでの人生経験で、そういう成功体験ができてしまっているということです。しかし、無視とスルーだけは、長期視点で見て、一つも良いことがありません。間違いなく相手を不快にさせるからです。

例えば、これは女性に多いのですが、無視やスルーというパターンが身についたのは、そうしたら自分の期待値通りの結果になった（言い寄ってくる男が去ってくれた）という成功体験からです。相手が、軽い気持ちやノリで言い寄る男性の場合、確かに無視やスルーで、次に行こうとなるかもしれません。

しかし一方で、本気で好きになった人に無視やスルーをされても、そう簡単に引き下がることはしないでしょう。こうしたパターンを持ってしまった人は、本気で好きになってもらったことがないのかもしれません。もしくは、自分の思い通りに過ごしてきたか、よほど女扱いのうまい男に囲まれて生きてきたのかのどちらかでしょう。このように、たった一つのパターンからでも、いろんな類推が可能です。

ＮＬＰでは、このときはこうだと決めつけることはなく、少しのことからできるだけ多くの気づきを得て、そして自分の思いと相手とを調整していくことを繰り返します。気がついたかもしれませんが、無視する人にも声をかける人にも意図があるわけで、それを調整して関係性を整えていく考えがないと、お互いに身勝手コミュニケーションでぶつかるだけなのです。

逆に、既読スルーされた場合は、「既読ありがとう」と思いましょう。それだけでも、その後の展開、考えが大きく変わり、結局うまくいく可能性が増えるかもしれませんよ。

### ▲例４▼　旦那から「俺が稼いでやってるから」と、むかつくことを言われる

この発言をする人は、微塵も自分が悪いとは思ってません。相手の行動を引き起こしているのは、自分の影響もあるのに、すべてを他人のせいに思っている前提があります。

こうした話もしばしば耳にしますが、相手をそういう行動に向かわせているのは、自分自身なのです。自分自身の影響を相手は受け、その結果としてのコミュニケーション、反応が返っているわけです。

自分の行動やコミュニケーションが変わると、相手の反応も変わります。つまり、こうした自分が不快に思ったことを伝える人は、相手をそうさせているようなコミュニケーションをしている可能性があるということです。もちろん、他の影響がそうさせている可能性もあるので、

決めつけはよくないのですが、周囲を見ようとせず、自己主張が強い可能性があります。

印象は、自分の経験でつくられます。経験していないことのほうが多いので、その印象には偏りがあります。自ら進んで自分とは異なる感覚の人から、別の経験を得ない限り、自分が経験した程度の狭い範疇でしか判断できません。だから、多くの人は判断能力が低く、選択したことが数年後に失敗だったとわかるのです。

これが、コミュニケーションにエネルギーをかけないといけない理由です。

この節では、以下のことがいかに大切かを理解して心がけましょう。

★ POINT

- 相手を思い通りにコントロールしようとしてはいけない
- 相手との間を調整する気持ちで、部分的にでも一致するところを見つける
- 自己否定を受け容れて、コミュニケーションパターンを変える
- 言葉から前提を読み解く力をつける

06

# 男女の違い・性差を理解する

## ジェンダーフリーは危険

ここで、男女の違いについて述べておきます。性差だというと、差別だとすぐ反応する人も増えてしまいましたが、男女には明確な性差があります。これを何も知らずに否定することは愚かなことです。

昨今、幼年教育における男女の脳の発達の仕方の違いなどから、男女別学が効果的であることが、レナード・サックス博士の研究などから科学的に明らかになっています。

日本でも翻訳されている彼の『男の子の脳、女の子の脳』(草思社/谷川漣訳)という本からその内容を少し紹介しましょう。これは非常にわかりやすい良い本ですので、幼児がおられる方は、ぜひ読まれることをお勧めします。

§　§　§

ＩＱの高い男性は、脳の大きさがＩＱの低い男性より大きい。男性同士だと、脳の大きさがＩＱの大きさに関係している。ところが、女性同士になると、脳の大小がＩＱにあまり関係していない。つまり、構造がまったく違う。音楽家について、男性の場合、脳の音楽をつかさどるところが、音楽家と一般人では、大きな差が見られる。つまり、音楽家のほうが大きい。しかし、女性の場合、女性音楽家と一般女性の間で、脳の大きさそのものについての差は見えない。

つまり、脳の大きさと知性に相関関係があるというのは、男性には通用するけれど、女性には通用しないということがわかっているので、男性の脳と女性の脳は、完全に別物として扱う必要がある。

脳画像の研究によると、同時作業をする際、女性は大脳皮質を使っているのに対して、男性はより本能的な部位である淡蒼球、扁桃体、海馬などを使っている。

長い年月にわたって、多くの人がジェンダーフリーという名のもと、男女の脳や性差をないものと見なし、すべてがステレオタイプで決まると思い込んでしまった。

最近、男の子の感情をあるがままに受け止めて、言葉で表現する力を高める必要性が語られるようになったが、男の子に自分の感情についてもっと話すように促せば、今の状態が改善されると多くの人が主張している。しかし、そんな議論は愚かで、脳の仕組みに根本的な性差が存在することを知らないと言っているようなものだ。

例えば、十代の少年に、自分がどう感じているか話せなんて言ったら、ほとんどの子が不愉快になるのは決まっている。これは女の子と男の子では、意味の異なる作業になるからだ。ある十三歳の男の子は、こう言っていた。国語の先生から自分がどう感じているかを書けって言われるけど、そんなの書けるもんか。だいたい僕がどう感じているかなんて、先生と関係がないじゃないか。学校なんて嫌いだ。

こうして、読書感想文が嫌いになる。女の子でも嫌いな子は多いが、圧倒的に男の子のほうが嫌いなはずだ。それは、男の子に即した教え方をしていないからだ。

ミズ・カフノスキー先生（女性）の指導で、五歳の男の子マシューは、一色のクレヨンだけで、ロケットや動いているものを描いている。ロケットには人が乗っていない。

一方で、五歳の女の子アニタの描いたのは、たくさんのものや人。色をたくさん使って描かれている。

ミズ女史は、女子であるがゆえに、また男の子の特性を知らぬゆえに、彼の絵を理解できない。どうして一色なの？　どうして、人がいないの？　もっとたくさん色を使ったらいいのに。

そこで、最大限の努力をして言う。

「ちょっと色を足してみたらどお？　ロケットに人は乗っていないの？」

女の子と男の子にかかわらず、五歳児に長けている能力が一つある。大人の望んでいることをすかさず感じ取ることだ。この能力はすごい。

すかさず、マシューは間違いなく感じ取る。ミズ先生が、アニタが描いた絵より、自分の描いた絵を気に入っていないということをだ。

ミズ先生には、教育マニュアルがある。

「子どもたちには色を多く使い、複数の人間を中心とした絵を描くよう指導すること」

しかし、こうした古い指導マニュアルは、女子目線でつくられたものだ。なぜなら、幼年児童を教える幼稚園や小学校の先生の九〇%は女性であるから。

§　§　§

ジェンダーフリー信仰がいかに恐ろしい思い込みなのか、わかると思いませんか？

かつて、日本の寺子屋では、男女別の教えがきちんとあったし、守るべき戒律も男女の別がありました。ここで書くと長文になってしまうので割愛しますが、幼児における性差が相当に考慮されたものになっていたようです。

教育以外でも、男女の違いを、単なるステレオタイプによるもので片づけてはいけません。性差はあります。しかし、それを認めることをしたくない人は、とにかくすべてをステレオタイプや女子差別、男子差別で片づけようとし、ジェンダーフリーという言葉を神の如く敬って、とにかく同じだと主張しようとします。こうした人がいまだに多々いるように思えます。異なる主張をしようものなら、差別と言い立て、話ができなくしてしまう人も多々います。が、現実には性差はあり、それを否定することは、自ら自分に制限を課して可能性を消し、下手をすると社会全体にも悪しき影響を及ぼす可能性があります。

たとえ自分の信じたい主張に対して都合が悪くとも、それを認めた上で、自分は何を選択し、どう考えるのかということが大切です。知った上で、判断し、行動することと、誰かの価値観に従って疲れる人生を送ることと、どちらが正解かです。できないと制限をかけるのは、ステレオタイプ的に良くないとしても、何でもできると思い込むことも、また不幸です。冷静に自分の個性を見極めるためにも、性差は認識しておくべきです。

## さまざまな面で性差は厳然と存在している

ステレオタイプの介在を許さない領域からお話しましょう。目の使い方に関する性差です。皆さん、自分の見えている世界が他人にも同じように見えていると思っていませんか？　違いますよ。少なくとも、男性と女性ではまったく違う見え方をしています。

これは、細胞レベルで異なることが原因です。M細胞とP細胞というものがあり、動作検出に強い細胞を男性が多く持ち、静止画に強い細胞を女性が多く持っています。そのため、多くの書物でも紹介されていますが、結果として、車の運転や将来への影響判断など、未来先読みと立体空間の変化検出が必要なことについては、必然的に男性がどちらかと言えば有利になるわけです。

興味の面からも、生まれた瞬間から性差が出てきます。サルを使った実験では、ステレオタイプは存在せず、オスはトラックなどの動くおもちゃを選び、メスは人形を好みます。サルですらこうなのです。

『マンガでわかる診療内科14巻』（ゆうきゆう著／少年画報社）に掲載されているお話を紹介しましょう。

男性が家を継いでいくカルビ部族と、女性が家を継いでいくカシ部族のそれぞれで、ある数学の能力を試す実験がありました。前者では男性が大きく女性を上回り、後者では男女間の差がありませんでした。ステレオタイプだけで能力が左右されるのであれば、後者では女性の平均値が大きく上回るはずです。しかし、女性の自己肯定が強い後者の部族ですら、女性の平均値が男性と同程度であったということ自体が、性差の存在を証明しています。

もちろん、差が詰まったということは、ステレオタイプの影響も少なからずあるということでもあります。記載されていたところでは、性差がないという主張のためにこの例が使われていましたが、それは論理矛盾しています。性差がないのであれば、カシ族では女性のほうが男性を上回るはずなのに、差がないレベルだっただけなのだから。つまり、性差は存在しているという証明なのです。

無理に同じことをしようとして、それって幸せなんでしょうか？　違うからこそ、お互いに認め合い、助け合えるわけで、日本民族はかつてそうして国を豊かにしてきたわけです。同じなら、お互いが不要になりますし、協力ではなく、いがみ合うことになりますよね？

それではダメなんですよ。そんな組織は潰れてしまうんですよ。性差というと女性差別というような空気感もあったりしますが、「それって、逆に男性差別でしょ？」ということにも気がついてもらいたいものです。

ちなみに、こうした後天的な影響と、先天的に決まってしまっているものについては、安藤寿康教授の双子を題材にした研究成果でさまざまなことがわかってきています。そのうち、数学に関しては、八〇%が先天的なものであると『遺伝子の不都合な真実』（筑摩書房）に記載されています。

他にも、男女ではホルモンの違いが有名です。女性ホルモンの代表格はオキシトシンです。おもしろいことに、乳腺にこのホルモンをつけるとお乳が分泌されるということで、赤ちゃんをしっかり育てられるように、共感能力を高める力を持つようです。キスをすると、女性は男性の三百倍、このホルモンが分泌されます。女性の共感力はこのホルモンのおかげとも言えるかもしれません。

しかし一方で、脳科学者である中野信子氏の著書『引き寄せる脳　遠ざける脳』（セブン＆アイ出版）にも、「オキシトシンは出る杭を許さない」とあります。女系の民族や女権が強くなりすぎた国家が衰退する理由は、これだと思います。また、彼女はこうも書いています。「自分たちの『内なる集団』にとって望ましくないように思える意見に対し、みんなで寄ってたかって叩いたり、排他意識が醸成されることで不当に低く評価したりします」と。

彼女は『あの人の心を見抜く脳科学者の言葉』（セブン＆アイ出版）という本で「正義の執行中毒」という言葉を使っていますが、まさに今のマスコミの政治や皇室に関わる報道は、自分たちの価値観から来る偏った正義の執行中毒だと思いますよね？

さて一方で、男性ホルモンの代表格はテストテロンです。このホルモンは別名「成功ホルモン」とも言われ、ビジネスで成功する人はこのホルモンが多く分泌されます。このホルモンが多いと、性欲も強く、競争心や闘争心も強い一方、争いの調停などで公正な判断力にも影響しているようです。

オキシトシンは男性にも分泌され、優しい気持ちになったときや触れ合ったりすると増えます。テストテロンもビジネスの世界でバリバリやっていると女性にも増えていきます。

ただし、赤ちゃんを育てている際の女性にテストテロンを増やしたら、少々問題かもしれません。闘争心や競争心は育児に不要だからです。むしろテストテロンがたくさん分泌された状態で幼児に接してしまうと、共感より先に別のものが来そうです。育児期に女性が子育てに集中していたというのは、ホルモン的な観点であながち間違いではないと思われます。

パチンコや株式などの勝負事をする際にも、テストテロンは分泌されますが、よく事件が起きていますよね。パチンコに行って幼児を放置して死亡させたとか。これは、勝負心に負けて、わが子への共感を失ってしまった不幸な結果なのかもしれません。このテストテロンとオキシトシンの分泌は、母親のお腹の中ですでに始まっていることが最新の研究で明らかになり、先天的に大きな性差が存在することも実証されています。

少し脱線しましたが、男性と女性を同じに考え、同じに扱おうとするのは間違っていますが、女性だからという理由、男性だからという理由で、特別扱いするのはもっと違います。今では前者のほうが当たり前化していることも数多く見受けられますが、そういうことに甘えてしまうようでは器は磨かれません。

同じように接しつつ、違う生物としての特性を理解したコミュニケーションを取ることが、良いリーダーの条件です。組織内で助け合いたいという空気感が、強制ではなく自然と生まれるようでなければなりません。良いリーダーに導かれる場は、言葉にしなくても、勝手に損得をある程度度外視した助け合いが始まります。結果の強制ばかりしているようなリーダーのもとでは、自主的に行動するのはリーダーを支持すると得をすると思っている人だけになります。

男女は違います。性差があります。その性差を誤解している方があまりに多いのですが、性差をしっかり見つめて考え合わせなければ、良い組織はつくれませんし、場の空気を変えられるような、みんなの信頼を集めるリーダーには決してなれません。つまり、じり貧になるだけです。

## 押しつけの女性活用は会社や組織を潰す

ここまで読まれて理解された方は当たり前に気づかれていると思うので言うまでもないのですが、結論から言うと、「結果の強制のような女性活用＝女性活用法」、つまり「女性幹部○割」などのような結果の強制は必ず組織を壊します。

もうおわかりのように、理由は明白で、結果の強制には納得性がゼロだからです。同じ価値観を持っている人は賛同するかもしれませんが、全員がそうではありません。これも、どのような善意であっても、価値観を決してルールに入れてはいけないという前述の内容そのもののであることはおわかりかと思います。

正義の押しつけのような議論をいくらしても、それを説得しても、無意味でマイナスでしかありません。価値観の強制をルールにしてはいけないと前に書きましたが、まさにこれは価値観の強制になっているのです。組織は「力を合わせよう」「ここで頑張ろう」と全員が心から思えないと強くはなりません。ちなみに、説得ほど無意味なものはありません。面従腹背の温床でしかないからです。表面的な態度ほど、組織の体力を奪うものはないのです。

このあたりのことを多くのリーダーは勘違いしています。大切なことは、説得ではなく、個々人の納得性なんです。それは説得ではなく、相手のことを、相手の気持ちをしっかり理解し、調整していくことしかありません。理屈やあなただけの正しさ、法の強制で説得することで納得性は得られません。

米YAHOO!が経営崩壊し、ソフトバンクの傘下に入ったのも、原理主義的な女性活用で男性を不当解雇したことから始まりました。日本でも某P社では、人事グループが率先して女性活用を煽り、結果として技術のエースである男性社員たちが多数辞めるという事態が起きています。そのため、土地を売却しまくってリストラし、見せかけ上の最高益を叩き出したりもしましたが、株価もじり下げで、二〇一八年には三〇%減益となり、大きく後退しています。

以前、朝日新聞に井村屋の記事が出ていましたが、井村屋では男性たちの不満が溜まっているのを無視するとか、男性たちの声を制限することを検討するとか、本末転倒なことがあたかもそれが良かったかのように書かれていました。しかし、不満を持つ社員がいる組織が強くなることはなく、その会社の利益が上がるなんてことは決してありません。

一部の価値観を強制し、誰かにとって有利不利があからさまに生じるような組織にしてはいけないのです。良いリーダーの方針には、不満など噴出しません。不満がくすぶり続けているようではダメなのです。誰かの価値観でしかない誰かの正義を周囲に押しつけるようなことをしてはいけないのです。

## 男女平等という主張で行われている男性差別

この問題の本質は非常に根が深いので、もう少しつけ足して書いておきます。現代日本では、ジェンダーフリーと言いながら、実際は女子優遇の影響が日本社会のダメ化を急速に進め、諸問題の根元となり、よりひどい状況にしているように思えます。

「いや違う！」と言われるかもしれませんが、その例を挙げましょう。

一番わかりやすいのが、混浴温泉における男性蔑視です。いまだに女性だけ水着着用可能とか、女性だけ湯着を着用できるとか、明らかに差別的な温泉が存在します。下呂温泉などでは、女性風呂から公然と男性風呂を覗くことができるところなどもありました。また、小学校の身体測定で、男子だけパンツになりなさいみたいなのも同じですね。中学校では、男子には更衣室がないということもいまだにあると聞きます。女子相手にこれらをすると、大ニュースにされますよね？　これは、マスコミと教育機関が悪く、皆さん、子どもの頃からそれが当然みたいに洗脳されてしまい、気がついていないのです。女性にいたっては、男だからいいでしょ的に勘違いしていますが、これこそが差別なんですよ。

教育でも、小学校で性に関する保健の授業では、男子だけ締め出されて、女子だけに教育がなされたりします。セックスについては触れてはいけないタブーのような扱いをして、男性の性的欲求は全否定されるような教育がなされていませんか？

見方を変えると、生物として、性的な目で見られるということは、それだけ魅力的だと考えることができるのに、不愉快に思う女性が増えています。同じ内容でも、嬉しいと思うこともできるし、不愉快だと思うこともできるわけです。

モンゴルの遊牧民の間には、男性は結婚したい女性を略奪するという風習が今でも残っています。彼女たちは、奪われることが魅力的だと考えているため、不愉快ではありません。日本人女性なら、おそらくは不愉快になるでしょう。視点を変えるだけで、意味合いは変わるのにです。つまり、皆さんが意味づけしている多くは、植えつけられた価値観だということです。

だから気づけないのです。

言葉にもそれが残っています。例えば、江戸時代、下男、下女、中男、女中という召使いがいました。一般に召使い的に奉仕するのが、下男、下女で、中男は武士の家の雑務者であり、江戸城の大奥に仕えたのが女中です。ところが、現代日本では、下女と中男という呼び方が消えて、下働きする男女を、下男、女中と言いませんか？　どうして男が下で、女が中なのか？

他にも、初等教育における「君づけ」があります。大人になって会社に入ると、君づけは基本的に上司が部下にする呼び方で、階級的な意味合いを持ち、上の人が下の人を呼ぶための、いわば蔑称の意味があります。上司を君づけする人はいないでしょう？　上司には男女関係なく「さん」しかつけません。ところが小学校時代、同級生の男子に君づけしませんでしたか？

こうしたところから、男はどうでもよくて、女子は尊重するという当たり前化がなされてしまっていて、ほぼ洗脳されてしまっているから、それに気がつくことはできません。

兄は、かつて大企業でテストしたことがあります。とある女性が兄を君づけしてきたので、兄はその女性に対して、君づけで返しました。すると、その女性は「○○君って呼ばれると、なんかムカつく」と言ったそうです。兄は「自分がされて嫌なのに、私にはそう呼ぶの？」と返したそうです。その女性は、はっと気がつきました。

言葉は、脳に影響を与えるので、こうしたことが当たり前化してしまっている人は、自分が尊重されて当たり前になっています。幼年教育によって、皆さんはいろんなことを思い込まされてしまっていて、それが誰かの洗脳であると気がつかないことがよくあるのです。

そして、それが本来当たり前のことでもないのに、そうしてもらっていることに気がつかず、他人の青い芝にばかり目が行ってしまうのです。これは、尊重慣れですね。

話を戻すと、フィンランドやアイスランド、ドイツ、スウェーデン、ノルウェーは、どこも男性が裸なら、女性も完全に裸。女性が水着や着衣なら、男性も水着や着衣。財布は男女別。このように、生活面での女子優遇、男子差別的要素は日本ほどひどくはありません。

他にも日本では、例えば盗難などの同じ罪を犯した場合、女性の罪は男性の罪より刑罰が軽くなっていることが多々あります。性犯罪などは特に顕著で、最近になってようやく女性から男性へのレイプやセクハラも犯罪として認められるようになりつつありますが、依然として法律による女子優遇はかなり激しい状態です。年金もそうですね。以前、裁判になっていましたが、女性の年金需給に比べ、男性がもらえる条件は厳しくなっています。

それだけにとどまらず、最近では女性向け優遇不動産、女性優遇デイなど、生活面での女子優遇は激しいわけです。男性だって多くの劣遇を受け容れてきたのです。

世界でここまでひどい社会はあり得ません。大正以前の日本でもこうしたことはなく、昭和中期以降の日本がいかに女子尊重で来たかがよくわかる現象です。ちなみに、実際には年金などで少し女子優遇がある国もありますが、それも日本ほどひどくはありません。

これだけ生活面での女子優遇が激しい中、公務においても、女性積極的活用法案によって、「同じ能力なら女子を優遇しなさい」という法律ができてしまい、この国は完全に男性差別国となってしまいました。

こんなに女性尊重、男性劣遇にもかかわらず、それでも女子差別だと主張すれば通ってしまう。いまだに多くの方がそう思い込んでしまっているのですから、これほど女性に都合のいい社会状態はないでしょう。この女性の主張を通そうとする空気感のせいで、男性たちは多くの劣遇に甘んじなければいけなくなっています。当然です。

## 女性差別だけを主張する人たちが多すぎる

男女平等や、ジェンダーフリーを主張する人は、決まってこう言います。「男社会において、女性は不平等な扱いを受けている」と。そして、今の風潮が正義だという空気感をつくってきたのが、テレビメディアに代表されるマスコミの印象操作です。「家族の役割」と言えば差別と主張し、桜田義孝元大臣の「女性には三人産んでもらわないと」という発言についても、産めない人に対する差別発言だとか、傷つける発言だとか主張していました。それを言うのなら、女性活用を主張するマスコミのすべての発言は、それによって被害を受けた男性の心情を傷つけたり、煽る発言だとも言えませんか？

結局、自分たちの主張する価値観と外れたことについては、傷つけるだのとマスコミの思う価値観に即した批判をし、自分たちが主張したい発言については、人を傷つけようとお構いなしという身勝手な〝報道の自由〟を振りかざしているだけです。都合のいいことに対しては、報道の自由や国民の知る権利と言い、都合が悪ければ、批判的な空気感の煽りや、報道しない自由を行使する。マスコミの被害者妄想煽り、印象操作によって、あたかも耳障りの良さそうに思えた人が増えてしまったことで、こうした価値観偏重にもまったく気がつかないのです。役割がなかったら、家族って成立します？　一人でも同じですよね。

表現の自由、報道の自由と主張しながら、自分たちの主張に合わなければ、不適切発言だの、適切ではないだのと、「適切」を判断しているわけで、聞いている皆さんはそれを強制されてしまっていることに気がつきましょう。意図に目が行っていないのと、今皆さんが信じたい（子どもの頃から信じさせられてきた）もの以外のことに気がつけていないということです。

世間のことでなく、会社の中でも、ビジネスのプレゼンでも、本質は同じです。

そして、これだけ実際にはひどい男性差別社会になっているのに、女性の権利〝だけ〟を主張する意図は何だと考えますか？　これも、もちろん皆さん自身で考えてください。

一応、私どもの見解を述べておくと、女性って男性よりかなり共感しやすいですよね。共感すれば、どうなりました？　勝手に動いてくれますよね？　女権を強くしたほうが、メディアにとっては結果誘導しやすいのです。

なので、ドラマなどでも女性に対する共感を取りにくるわけです。女性を巻き込んだほうが空気感をつくりやすいのですよ。メディアは女性の感情に対して、ときに共感を取り、ときに逆撫でするなどして、導きたい方向へ女性を利用して導いているとも言えます。何も考えていないと、すっかり印象が植えつけられてしまう内容が多いです。

ＮＨＫの連続ドラマや大河ドラマで、やたらと悪者の男性がいて、実際は違うのに、女性だけが差別されていたかのような印象を受けるシーンがあったり、女性の活躍のおかげで成り立っているということを示す内容をときにフィクションにしてまで差し挟むのも、そこに理由があると考えられます。確かめる術はありませんが、辻褄が合いますからね。

心の持ちようで人はどうとでも変われるし、幸せに感じることもでき、嫉妬心を駆り立てられたりもします。持ってしまった印象自体が、報道の表現の仕方ということなんですよ。

例えば、「六十五歳以上まで働けるようになった」と、「六十五歳で引退させてもらえなくなった」とでは印象が変わりますよね？　「女性が働けるようになった」「夫の所得だけで暮らせなくなった」、あるいは「女性が働かなくてはいけなくなった」といったように、文を少し変えるだけで、感じ方が変わるはずです。しかし、メディアはわざわざ誘導したいほうへ煽るような表現を使うことが多いと言えます。例えば、「夫の所得で暮らしていけばよかった」と言えるところを、「女性が自立できなかった」と言うわけです。後者のように書くと、自立がすごく良いことで、昔は権利がなかったかのような印象を与えますが、そういうわけでもないですよね？　いろんな考え方があるわけです。前者の感覚が悪ではありません。

このように、言い方一つで共感するところが変わり、がらっと印象が変わってしまうので、共感しやすい人ほど簡単に結果誘導されてしまうのです。

そもそも同じ事象であっても、心の持ちよう一つで、人は幸せにもなれるし、不幸にもなるわけです。女性の社会進出という錦の御旗を立て、やっていることは、ただの一部の女性優遇、男性劣遇、および子育てに集中したかった女性の就労強制の空気感を煽っただけで、いがみ合う土壌と、嫉妬心や不条理感を生み出して、心の持ちようが非常にマイナスになってしまったわけです。

見た目の平等をゲームの世界のように強制して、見栄えを整えることのために、どれだけの幸福を手放し、被害者を続出させたのか、誰か考えたことはあるのでしょうか？　こういうことを私ども男性が言うと、すぐ女性差別だと言い立てる輩が増えるので、女性の方々に気がついていただいて主張してほしいところです。

欧米では、女性がこうしたことを言って、女権団体に攻撃され、謝罪に追い込まれてしまった事件もありましたが、これこそが偏った正義の執行です。この風潮、空気感が、次期リーダーの芽を摘み、組織も社会も幸福も壊す諸悪の根源となるのです。

女性の大津市長は「どうして、生徒会長が男子生徒ばかりなのか」と発言し、それがあたかもいけないことのように一斉調査をしました。これは、逆に男子生徒の可能性やリーダーとしての芽を摘む行為ですが、そのことにも気がつかないどころか、朝日新聞などはこの行為を支持するかのような記事を出していました。今、男子小学生の将来なりたい職業の一位はユーチューバーですよ。男子が夢や希望を持てない社会ってことです。女子のほうは十年前と変わっていません。

さて、皆さんはどう思いましたか？　とにかく共感は洗脳の始まりと覚えておきましょう。そして、これまで情報に関して発信者の意図を考えていなかった人は、常に考える癖をつけてください。他国の価値観で動かされる国や組織が栄えたためしがないのと同様、他人の価値観で動かされる人にさしたる成功も幸福も望みにくいものです。自分の人生を歩めていませんからね。ちなみに、私たちがこの本を出版した意図、セミナーを実施する意図は、わかりますか？　お金儲けのためなら、このようなセンシティブなことは絶対に書きません。

質の高いリーダーは、こうしたことに即、気がつき、耳障りの良い話の善悪などは無視して影響を考えます。つまり、誰かの価値観でしかない誰かの正しさという他人の価値観の押しつけに共感したり、その影響を受けるようでは、誰かにコントロールされている程度のリーダーでしかないということです。それでは二流、三流のリーダーです。

一流のリーダーは、誰かの価値観での正しさではなく、今後の影響を見ることができるのです。だからこそ、いち早く気がつき、いち早く動けるため、利益だって出せるのです。

「利益率○%」とかいった本が出回ったとき、みんな真似しようとしますよね？　その時点で、それを先生にして猿真似してもまったく役には立たないでしょう。だって「世間に出回る＝みんな知っている」のだから。これも、出版における印象操作と言えるかもしれませんね。

マスコミの空気感に簡単に印象操作されているような人は、リーダーの器ではないことだけは確かです。

## 女性活用法に則っても誰も得をしない

現代の国家レベルのパワハラとも言える結果の強要という女性活用は、どんな影響があるのか？　組織は女性だけでは回りませんので、男性の不満＝組織の崩壊につながり、それは、利益率の低下、モラルの低下によって、逆にパワハラやセクハラが増えることにもつながるような影響があると予想できますよね。実際増えてます。自走できない保育園急増で、教育レベルの著しい低下が起こり、さらに女性の目線が高くなり、良い男が良い男でなくなってしまうことから、結婚率、離婚率も増えることになります。少子化は当然ですね。

少子化を止めようと、女性が働きやすい環境をとか言ってキャリアの道で女性優遇をすると、より一層少子化が進むわけです。むしろ、パートタイムのような身軽で、責任も少し薄く働けるような仕事や、家でできる仕事が増えたほうが嬉しいと思う女性だって多いわけです。

実際、有名大の女性の就職意識は、出世は望まなくて、異動のない地域限定社員だというデータも出ていて、全員が全員、キャリアを望むわけでもないわけですし、主婦でいたい人も数多くいます。そして、メディアはそれがあたかも悪いことのように言っていることが多いですが、その考え自体が悪なのではないです。活躍にはいろんな形があるのですから。活躍の形すら強要しようとする報道こそ最悪ですね。

「女性の活躍を支援します」なんて言うと耳障りがいいのですが、実態はただの男性差別的な女子優遇の今、優秀な男子生徒はそんな企業に入りたいでしょうか？　私ならその企業には入りません。劣遇されるとわかっている企業になんか誰が入りたいですか？　こうして大企業に就職希望する人は、能力が高いほど減るわけです。「能力が高い＝こうした事実に気がつくのが速い」のですから。

そして、大企業は劣化していきます。優秀な人材は、女性活用法の及ばない場所を探すわけです。もちろん、優秀な女性もいます。けれど、女性だけで組織は回りません。

もう一つの視点は、男女格差と言われるもので、女性差別だと言っている愚かな人がいます。私に言わせれば、男女格差ほど、指標にしてはいけないデータはありません。主婦でいたい女性や、キャリアを望まずあえて軽い仕事をしている女性も含めたデータなんて、そりゃ格差が出るでしょ？　男女差別だと言うのなら、キャリアを望む女性と、男性とで、データを取らないと不公平なデータでしかありません。そんなデータは取れないかもしれませんが、もし取るとしたら、今の風潮、法であれば、圧倒的に男性に不利なデータが出るでしょうね。

実際には、ただの男性差別社会になっているわけで、だからこそ「女性の幹部○割」とか、「○人」とか、枠を決めたりするのは、それを助長するだけで悪でしかないのですが、それ以上に、理系の会社では男性社員が九五％以上を占めたりすることも多々あり、そこで女性幹部なんて言い出すと、男性社員のやる気が出るはずないですよね？　それどころか、恨みに思い、その女性社員を潰しにかかることも起きますし、まっとうに実力でその立場に立った女性も、そういう目で見られることになる。そりゃ、組織風土は悪化の一途をたどるわけです。

形を強制して、しばらくしたら何とかなるなんて思っている人は、頭の中がお花畑です。無理やりの株高も、経済悪化も、煽り運転や連続殺人みたいな風潮だって、根はこうした価値観強制法が増えすぎていることにあるんですよ。そのことに気がつかないといけません。

女性活用法の考え方そのものが悪法ですので、それに即した動き方を回避しようとする企業が多いのは当然です。こんな法がなくても、自立して成功した女性は多々いますよ。この悪法は、その人たちを否定してしまいます。

何度も申しますが、法律って成立してしまうとなかなか取り消せないのです。法の成立以前から、男性差別が増えていること、今後、男性差別を増やす温床になることに気がついていない人がまだ多々いるように思います。

結果の強制ほど、機会の不均等、不公正で不平等な人事、評価、人材活用になることはありません。結果として、器が育っていない人が上司に立つことによる不満、器のない人の処し方の悪さによる不評、やる気のなさなどで、組織崩壊も起こり得るわけです。コロナでうやむやになりましたが、コロナがなくても、大企業の体力はなくなっているのです。

## 本当に良い女性活用は選択ができること

兄の例です。

兄は、大企業でバリバリ働いていた二〇〇五年、二〇億以上も開発費をつぎ込むもののプロトタイプも動作せず、社長プロジェクトだから中止することもできず、責任のなすりつけ合いになって大ピンチに陥っていたプロジェクトのリーダーを引き継ぎ、それを一年で量産化まで成し遂げたような大エースでした。世界初のデジアナ混載のデバイスで、新聞発表も行ったくらいです。

他にも、開発遅延が激しいプロジェクトを引き継いで元の日程に乗せたりと、プロジェクトを率いるエース格でした。

その兄は、何度となく女性活用による納得性を欠く人事や、それに影響を受けた付随する不公正に、自分からプロジェクトリーダーを降り、自分のチームも一番油の乗っている時期に解散し、自ら閑職に就いて若くしてしばらく窓際社員になりました。独立資金を貯めたり、自分の学びを得る方向に舵を切ったのです。

そのため、仕事を請けることができなくなった兄の所属していたグループは解散。その後も開発日程は思うように進まず、兄の予想通りに、事業所は売りに出され、消滅します。

納得性の欠く組織で、最初に出ていくのは、エース格です。そして彼らが仕事を支えているので、残るのは仕方なく我慢してそこにいる人たちです。

そして、家庭に職場のストレスを持ち帰らざるを得ないのです。公私ともに、異性間の衝突も増えるでしょう。まじめに頑張る人ほど馬鹿を見るような状態になってくるので、誰も真剣に仕事をしなくなるのです。知能犯罪が増加傾向にあるのも、直接の関わりがあるかは別ですが、不公正で頑張った人が報われない世の中になっているからで、根は同じです。

リーダーは、広く納得性があり、未来や周囲への影響を考慮していかなければなりません。器を磨き、見る目を磨く。共感して判断してしまうようではダメなのです。それはすなわち、何者かにコントロールされているのと同じだからです。

何かの考えを抱くとき、正しさを語ろうとしない癖をつけること、もし正しさに傾倒したら、「それは本当にあなたの考えなのか？」「誰かに植えつけられた正義ではないのか？」「あなたの本当にしたいことは何なのか？」「それは思い込みではないのか？」というように、自らの経験から離れたところから見るようにしましょう。

何度も言いますが、リーダーは価値の正しさではなく、納得性と影響を見て判断しなければいけません。リーダーは共感することなく、第三者的な視点から判断しなければいけません。簡単に共感する人は危険であり、正しさを求める人は他人にどんなひどいことも平気でしてしまいます。それはいずれ自分に跳ね返ってきます。

だからこそ、見識が大事であり、メンタルが大事であり、見る目を磨くことが大事なのです。そして、そこを磨いて責任もって行動することにつなげていくのが、リーダーなのです。目先のことや表面的なこと、周囲の空気感に流されて行動するようではダメですし、器が育っていないリーダーもダメなんです。

現代の風潮のような女性活用が、組織を壊すということを本節では述べてきました。男女が協力しやすい、したくなる、そういう風土、風潮に戻していかなければならないと強く感じる次第です。このまま行けば、日本の大企業は立ち行かなくなり、日本資本ではなく、ほとんどが他国資本になってしまうでしょうね。

絶対にしてはいけないことは、「価値観をルールにして強制すること」ということを忘れないようにしましょう。三流のリーダーはよくやりがちで、優秀なリーダーほどこの事実に気がついているはずです。

部下に女性がいて、その女性の意思がキャリアならば、「では、女性だから許されるとか、そういう特別扱いはせず、男性とまったく同一に扱うよ。女性だからという甘えは一切持たないでね」という扱いをすることです。

また、本人の望みがキャリアではないなら、その意思にできるだけ沿って活用を考える。これこそが、良い女性活用です。

今の日本には、女性に都合がよいときは、「女性だから許してね」と主張し、女性に都合が悪いときは、男女平等を主張するという、きわめて都合のよい主張がまかり通ってしまっています。

なので、どこを見ても実態的には男性差別だらけです。これをマスコミが当たり前化し、政府が法整備して強調していることが諸悪の根源です。そして、共感しやすい脳を持つ女性たちの多くをだしにして、この国をマスコミが実効支配しやすくしてきたと言っても間違いではないでしょう。

まとめますが、男女は別の生き物であり、厳然たる性による違いがあります。多くの男性は〝女らしさ〟に惹かれ、多くの女性は〝男らしさ〟に惹かれるのは、生物としての本能です。それを強制するのは愚かかもしれませんが、それを否定することを強制しようとするかのごとき最近の空気感はもっと愚かです。

それゆえ、ジェンダーレスは甚だおかしな話であり、あらゆる側面からの平等など実現不可能ですから、ジェンダーフリーにも無理があります。それゆえ、違いを認めた上で、男権と女権のバランスを取っていくことが大事ではないでしょうか？　そして日本が繁栄して幸せに暮らしていた時代は、そうなっていたと思いますよ。

協力というのは、本音を言い合えるだけの信頼関係が樹立されていなければ成立しないものですが、それは本書の最初のほうにも書きました。皆さんが器を磨いていれば、できているはずですよね？

誰かの倫理観や価値感情における正しさを押しつけて言い負かすのではなく、全体の立場や気持ち、思い、利害も含めて調整し、メンバーと自分、組織、双方の利になるような選択肢を考え出す。それができていれば、メンバーもあなたをきっと信頼してくれるでしょう。

この節では、専門書に比べて少々書き足りないところがありますが、ぜひここに書かれている内容くらいの考察は、自らしていただければと思います。

この節では、以下のことを押さえておきましょう。

★ POINT

- 男女の違いを認識して行動する
- 一部の価値観に惑わされない
- 男女の違いを認めた上で双方のバランスを取っていく

終　章

# リーダーとして さらに成功するために

## チャンスを掴む人は自分に投資している

見識もなく、メンタルもなく、器もなく、見る目もないままに行動したら、結果は悪くなる。器なき立場は人を悪いほうに変えてしまう。権利の当然化＝特権は、人を腐敗させてしまう。こうした理由がわかってきましたよね？ 皆さんは、その逆をすれば、結果はうまくいくことが増えるということを理解されたはずです。

リーダーなら、特に周囲の人を導き、幸せにする責任があります。権利には責任がついています。そして、単なる財務的成功や身勝手な成功では、人は幸せにはなり得ません。

さらに、もう一つ覚えておくとするならば、チャンスには、扉はもともとついていないということです。

チャンスの扉は、自分で必死にコントロールして出現させられるものではありません。「チャンスの扉が開く」ときというのは、突然にやって来る偶然の瞬間です。その偶然の一瞬を逃さずに、自分のものにしなければいけないのです。だからこそ、それまでの準備がとても大事になります。

自分にはチャンスが来ないと思わず、チャンスの扉が開いたら、いつでも自分のものにできるように日々努力し続けるのです。もちろん、永久に大きなチャンスが来ない可能性もゼロではありません。

日本人の多くは、綺麗事で努力は常に報われると勘違いしていますが、頑張ってさえいれば絶対にチャンスが訪れるわけではありません。しかし、頑張っていなければ、そのチャンスの扉が目の前に現れて開いた瞬間すらものにできないのです。

大きなチャンスが巡ってこなかったとしても、小さな成功の扉はしばしば出現するでしょう。チャンスの扉は大小問わず、日々の積み重ねがあるからこそ開けるのです。

もしも今までにいろいろ勉強してきたけれど、それほど変化を感じていないなら、物事の本質を理解できていないだけです。できていたら、何かしらの結果が絶対についてきます。無駄な努力をいくらしても無駄なんです。

最後に、もう一度まとめておきます。幸福な成功を得るためには、次の五つのステップがあります。

## ▼1　あなたの目的の先にある真の目標を知る

・本当の目標に気づけるかどうか？　その目標達成は、どんな価値が満たすのか？
・目標を分割し、立てやすい目標にできているか？

動機づけが一番最初でしたよね？　ここに気がつけない人が多いから、ぐだぐだの人生を送ることになるわけです。

## ▼2　できる限りの見識を得てアクションを起こす

・勇気・タイミングを含めて見識なく動くと、周りにも自分にも迷惑
・憧れややっかみだけでも行動を起こさないと何も起こらない（経験もない）

できる限り学びを経て、知識、見識を増やしてから行動しましょう。けれど、行動できなければ何も変化はありません。考え抜いて、メンタルを養えば、後は行動する勇気です！

## ▼3　五感を鋭敏にしてあなたの結果を認識する

・一つの情報から得られるものを増やす（気づく情報量を増やす）
・選択肢を増やす
・共感せず、ありのままの結果を受け容れて反省する

結局、観察できなければ始まりません。一つの言葉、挙動、雰囲気、表情や何かの変化、これらがすべてヒントなのです。ですから、五感を鋭くする必要があります。そして、結果は否定的なものもすべて受け容れましょう。そのためには、器とメンタルが必要ですよね？

### ▼4　行動に柔軟性を持たせ、結果に基づいて次にあなたのやるべきことを調整する

・これまでの自分に囚われずに、自分以外のことを取り入れることができるから成功する
・失敗や成功に向き合い、得られた経験をもとに、それまでのパターンに囚われずに次の行動を決める

失敗から得られることのほうが多いです。失敗をなかったことにして、別のことを同レベルで試すのではなく、事実を受け止め、「次にどうしようか」と考えましょう。諦めず、工夫し続けた人だけが、最終的な成功をつかめるのです。大切なことは、失敗を見なかったことにしないことです。

また、判断する際に大切なことは、共感ではなく、その後の影響と選択肢の広がりです。多くの人は、「これしかない！」と思い込み、追い込まれるように自ら選択肢を狭めていってしまいがちです。

### ▼5　卓越性のフィジオロジー（生理的状況）と心理から働きかける

・成功者のメンタルとかストラテジーを使う
・失敗するパターンから成功するパターンに生理的な状況を変えてから動く

これは、本書の中では話しませんでした。が、人には自分が成功しやすい生理的な状態があ

ります。これは人それぞれです。緊張状態のほうが集中できる場合もあれば、力が抜けている状況のほうが良い場合もあります。

自分が成功したとき、うまくいかなかったときと比べて、成功したときの体と心の状態を常に再現できれば、うまくいきやすくなりますよね？　その再現方法は、「アンカリング」という手段です。耳慣れしている言葉で代替すると「ルーティン強化版」です。本書を読まれたあなたなら、もうある程度はできるかもしれません。

ちなみに、全日本バレーボール男子が競り合いで負けてしまっていたのは、最後のここが原因でしょう。競ったとき、ポジティブ一辺倒でいいわけでもなく、成功するときのメンタル状態というのがあるのです。そこに気がついて、その勝てるメンタルになれれば、競ったところまで持っていけたのですから、もう一点先に取って勝ち切ることだってできる能力は持っているのです。

二〇一九年のワールドカップでは、もちろん西田選手の覚醒という大きなこともありましたが、石川選手が大竹選手を抱き寄せるシーンがあったりと、チームが一丸となっていました。劣勢の中、能力はあるけれど、まだ少し荒削りのところがある大竹選手によって流れを引き寄せる瞬間がたびたびあったのは印象的でした。

無理にポジティブというのではなく、随所で勝負強さが発揮できたのは、戦術コーチも含めて一体感があったからだと思います。

これが、成功するための生理的な状態です。苦しい局面を迎えない限り、ステップ5は必要ありません。ステップ4までで十分に成功を得られる可能性もあります。

まずは、皆さんには、ステップ4までを実践できるように、ぜひ頑張ってみていただきたいと思います。ちなみに、弊社のクライアントの方が、私たちのトレーニングを受けたときのお話をシェアします。

「すごく大事な会議の前に、緊張を消すために、セミナーで学ばせてもらったパターンを用いたら、すぐ消せて、すごく楽になりました。しかし、教えてもらったように、楽な状態が必ずしも成果を出せる状態だとは限らないことも体験しまして、緊張感がなかった分、会議の中で厳しい目で見ることがなくなってしまってちょっと失敗でした。

私の場合、適度な緊張感を持っていたため、重要な会議で厳しめの目で見れていたからこそ成果が大きかったことに気がついたので、改めて自分にとって最適な状態に気がつくことの大切さと、単なるポジティブや楽な状態がいい状態ではないんだよという気づきになり、ありがたかったです」

おわかりになりますか？　単なるポジティブや楽な状態が必ずしも良い結果をもたらすわけ

ではないということ、結果がついてきたときの状態にいち早くなれることが大事なのだというこ
とが。

全日本の男子バレーボールは、前回のオリンピックには出場できませんでした。しかし、二〇一九年のワールドカップに比べても、メンバー的には遜色がなく、特に、今回のワールドカップで復活を遂げたかつてのエース清水邦広選手を中心としたチームで、二〇〇九年のグランドチャンピオンズカップで銅メダルを取ったメンバーが円熟期を迎えていて、当時は期待も大きかったのです。

清水選手は素晴らしい選手ですが、彼は前回のオリンピックでとにかく常にポジティブと伝えていると、マスコミのインタビューで語っていたのが思い返されます。

読者の皆さんには、この戦略が誤った認識であったことがおわかりでしょう。おそらく、やたらとポジティブセミナーが良いという空気感が流れていた頃で、その空気感に流されてしまったのでしょうが、当時少しでも面識があれば、教えてさしあげたかったくらいもったいないと思って、応援していたのを覚えています。

個々の選手がいかに素晴らしくとも、状況とそのときのメンバーそれぞれの特性に応じてメンタルマネジメントすることが大切です。リーダーはさまざまなところに深い見識を持っていたほうがいいですよ。

## 先人の知恵にこそ最適解がたくさんある

最後に考慮するのが「先人たちの知恵」です。自分に都合よく受け取るのではなくです。皆さん、現状打破だとか、変革とか、そうした言葉を聞くと変わった感じがしませんか？聞こえはいいのですが、いろいろと深く考え、見識が増えていくと、意外と「過去の歴史に立ち返ったほうがいいんじゃないの？」と考えることが増えていったりします。

例えば、何年か前、大洪水で和歌山県南部が被害を受け、唯一の国道四十二号線が遮断されたとき、人々はかつての古代の道、熊野古道を通って尾鷲まで物資を得に行きました。

寺子屋では、自主性を重んじ、ちゃんと性差を考慮した男女別の決まりごとや教育もなされ、嫁入りのときには、妻の財産分与としての持参金が文化としてあり、離婚したければ妻に持参金を返す必要がありました。また、息子は父に、娘は母についていくという一方的な親権の採決ではなく、ある種の納得性があったりもしたわけです。長男の単独相続も、家という考え方でまとまってさえいれば、遺産相続で揉めることは少ないですし、次男以下だって、通い婚で結婚はできたわけで、もちろんいくつかの不条理があったとしても、それなりにうまく回る文化でした。今の日本は、先人たちの貯金で凌いでいる側面があります。

リーダーは、法やルール、上司の方針と、今現在の判断が食い違うことに出くわす場面があります。そのとき、何を優先し、何が自分にとって一番大切なことか、考えておきましょう。これには答えがありません。

私たちは、こう考えています。本物のリーダーとは、命令違反（法令違反）するべきときを判断できるレベルであると。

兄は大企業にいるとき、直属の上司の指示を遵守すれば、ビジネス全体が壊れると直感した瞬間があり、しばしば命令違反を犯しました。が、結果は兄の判断がうまくいったのです。これは戦国時代の指揮官の感覚です。

もちろん、先を見る目、影響を見る目などがたまたまそのときの情勢にはまったから、うまくいっただけであって、うまくいかなかった場合、兄は責任を取る必要があったでしょう。また、うまくいったとしても、上長の器次第では不興を買い、立場が悪化することは十分に考えられます。そのときに責任を取れる腹の据わり方がなければできません。

実際、兄は当時、社内政治的には微妙な状態になりました。しかし、兄はそのことも理解した上で決断を下し、多くのメンバー、特に仕事が失敗すれば即首切りになる派遣社員たちの仕事を守ったことになります。リーダーはどんな過去からも逃げることはできないのです。

話のスケールは違いますが、太平洋戦争の最悪の作戦インパール作戦で、指揮官が退却を許さない中、現地司令官が独断で軍法会議を覚悟の上、退却を始め、多くの将兵を救った例もあります。このときの現地司令官（佐藤中将）と、一番後方で退却を支援し、最後まで踏みとどまった後、退却した司令官（宮崎少将）は、死ぬまで従軍した兵士に敬意と感謝を持たれました。いくつかの本でも、その行為が歴史に刻まれています。この行為も平安時代以来の武士的感覚ですよね。

兄の当時のメンバーも、チームが解散し、退社してかなり経つ今でも、多くの人が集まってくれます。人はこういうところを見ているのだという証拠です。

もちろんルール無視を奨励しているわけではありませんが、リーダーにとって、本当に大切なことは、自分の立場ではなく、メンバー全員の生活であったり、命であったりするわけです。この優先度を常に考えられる人、場合によっては、法であろうと、命令であろうと、それに反したことを行える人がリーダーの器であると、私たちは考えています。常に法や上長の判断、指示がうまくいくわけではないのです。皆さんならどうされますか？

もう一つ、現代の法には、価値観を強制するような悪法があります。全員が無視すれば、それはもう法として機能しませんし、あまりに納得性の欠く法は守る価値すらないのです。だから、抜け道を探しはじめる。人が抜け道を探すような、積極的に守りたくない法くらい、悪法はありません。

法は変えられるものです。表面的な美辞麗句は誰にでも言えます。変革などという言葉は、それでうまくいっているのなら必要ではありません。

志だけで原理主義に陥るのではなく、本質や影響を見極め、空気感に流されずに判断できるリーダーになってくださることを祈念します。変な価値観の押しつけのために、男女とも、実は活躍の場が限定されたり、抑圧されたりしている今、皆さん自身が、自分磨きに力を注ぐのが良いのではないでしょうか。

# あとがき

本書は、リーダーになるための本として記載していますが、それはつまり多くの皆さんが幸せに楽しく暮らしていくための気づき、見識をお渡しできればとの思いの結果です。リーダーの器が、その地位に位負けしているような組織では、みんなが楽しく充実感を持って仕事もできませんし、結果もほぼ運に左右されてしまうでしょう。仕組みがいかに整っていても、人がダメでは機能しないのです。

それだけではなく、理不尽さと不公平感などから、やる気がなくなったり、パワハラや、対男性は見過ごされがちですが、男女ともへのセクハラが増えたり、メンタル不良だって増えていき、悪玉ストレスだらけになっていきます。ストレスにも二種類あって、良いストレスは成長や充足感を導くものになりますが、悪いストレスにどっぷりつかってしまうと、メンタルがやられ、組織も病んでいってしまいます。

現代日本は、偏った価値観の押しつけ圧力がひどく、本質的ではないものに力をかけさせられ、全体が疲弊していっているように見えます。ですが、結局、自分で多くのことに気がついて、自分で判断していくしかないわけです。誰かのせいにしていても、何も解決しません。

本書には、何が大事で、どうやってメンタルを整えてと、いろんなヒントを記載させていただいたつもりです。また、組織にあって、どんなことに気づいて、どう処していくべきなのかのヒントも、できるだけ生々しい経験をもとに具体的に記載させていただいたつもりです。

すべてを書き切れたわけではなく、これらも一例でしかないのですが、多くの皆さんが、気がついていないであろうところを特にピックアップしたつもりですので、ぜひ参考になさって、少しでも良い人生をお送りいただけますようお祈りいたします。本を読んだだけの知識は、ただの記憶でしかなく、それをどう活かすのかが大事です。だから、自分の道を選べていない人のほうが多いのです。

誰かに煽られ、安直に共感して判断を誤ると、自分の人生ではなく、他人の価値観に振り回された他人の人生を送ることになってしまいます。

しばしば「世の中の流れが……」という言葉を耳にしますが、流れが意図的につくられ、前より良くなったと思い込んでいても、実際には損をしていたり利用されていることに気づいていません。

そして、器もメンタルも見る目もないリーダーになってしまうと、地位に振り回されるだけになります。それは罪です。

最後にもう一度書きますが、人の財産は、お金や資産ではありません。見識や経験、メンタリティ、そして、そこからできてくる器です。それさえあれば、すべてを失っても捲土重来がいつでも可能です。そこに至るための見識、器、経験があるからです。

そして、もう一つ、指標として覚えておくべきことは、他人から受ける自分の価値は真摯に受け容れることができ、それでいて、自分でも自分の価値を決めることが自然とできるということです。どちらか片方では不充分で、多くの人はどちらかだけなのです。

ぜひ本書を契機に、見識や経験の向上に目を向けてくだされば幸いです。まず気づくことからです。本質を見抜く意識を持ちましょう。

本書を作成するにあたり、お世話になりましたすべての方々、特に現代書林の田中様、小野田様には深く御礼申し上げます。

## ［著者プロフィール］

### 西川 勇　にしかわいさむ

経営コンサルタント

下関市立大学経済学部卒。第二地銀の支店長を歴任し、その際、実践脳科学を学び、数多くの実績を上げる。退任後、国の機関で債権などの整理回収に従事。その後、老人ホーム理事に従事する傍ら、息子たちに請われ、実践脳科学をベースにした教育業GOLD MT EGGS㈱の代表を務める。

### 西川知希　にしかわともき

NLPトレーナー・コンサルタント

京都大学大学院工学研究科卒。Panasonicにてテレビ関連のSLSI半導体開発リーダーや中国委託関連事業の立ち上げ、運営などを務めるも、世間の風潮に疑問を感じて退職。その後、実践脳科学をベースとした家庭教師業を続ける傍ら、教育業を立ち上げ、代表を務める。見る目を磨き、ものの見方を変えるなどの人材教育で多くの人を成功に導き、うつになったビジネスマンや落ちこぼれそうな学生を復活させるなど、多数の実績がある。

### 西川昌志　にしかわまさし

NLPトレーナー・コンサルタント

東京大学大学院工学系研究科卒。学生時代にうつになり、立ち直る際に数々の心理学、脳科学に触れ、主にNLPによって立ち直る契機を得る。その後、大企業でプロジェクトリーダーを務める中、NLPトレーナー資格を取得した後、兄とともにセミナー教育業を立ち上げる。プロジェクトや人材のマネジメント経験から、専門的な理論や実施法を一般向けにわかりやすくする手法で、セミナーと個人セッションで高い評価を得ている。

# GOLD MT EGGS ㈱のご紹介

私たちは、コミュニケーション能力アップ、メンタル向上、
ビジネススキル向上などを目的に、
実践脳科学・実践心理学をベースにした研修、
社員教育、経営アドバイスなどを行っています。
また、それに関するさまざまな情報発信もしています。
見る目を磨きたい、器とメンタルをつくりたい、能力を上げたい、
コミュニケーション能力をつけたい、人生を変えたいなど、
興味のある方は、当社ホームページなどをご覧ください。

[GOLD MT EGGSホームページ]
http://nlpstudy.jp/

[GOLD MT EGGS公式ブログ]
http://nlpstudy.jp/category/blog

[西川兄弟による幸せに生きるための実践ブログ]
https://ameblo.jp/gold-mt-eggs/

[西川兄弟の政治／教育を語るブログ]
https://ameblo.jp/politico/

[ツイッター]
@gold_mt_eggs

[期間限定メルマガ]
https://nlpspeed.wixsite.com/mailmagagine

# 本物《ほんもの》のリーダーは登場《とうじょう》するだけで場《ば》の空《くう》気《き》が変《か》わる!

2020年10月21日　初版第1刷

著　者 ———— 西川《にしかわ》 勇《いさむ》／西川《にしかわ》知希《ともき》／西川《にしかわ》昌志《まさし》

発行者 ———— 松島一樹

発行所 ———— 現代書林
〒162-0053 東京都新宿区原町3-61 桂ビル
TEL 03 (3205) 8384 (代表)
振替 00140-7-42905
http://www.gendaishorin.co.jp/

デザイン ——— 華本達哉 (aozora.tv)

印刷・製本　㈱シナノパブリッシングプレス
落丁・乱丁本はお取り替えいたします。

定価はカバーに
表示してあります。



ISBN978-4-7745-1855-8 C0034